Lothar Zenetti

In Seiner Nähe

topos taschenbücher, Band 1018
Eine Produktion des Matthias Grünewald Verlags

Lothar Zenetti

In Seiner Nähe

Texte des Vertrauens

topos taschenbücher

verlagsgemeinschaft topos plus
Butzon & Bercker, Kevelaer
Don Bosco, München
Echter, Würzburg
Lahn-Verlag, Kevelaer
Matthias Grünewald Verlag, Ostfildern
Paulusverlag, Freiburg (Schweiz)
Verlag Friedrich Pustet, Regensburg
Tyrolia, Innsbruck

Eine Initiative der
Verlagsgruppe engagement

www.topos-taschenbuecher.de

Bibliografische Information der Deutschen Nationalbibliothek
Die Deutsche Nationalbibliothek verzeichnet diese Publikation in der Deutschen Nationalbibliografie; detaillierte bibliografische Daten sind im Internet über http://dnb.d-nb.de abrufbar.

ISBN 978-3-8367-1018-3
E-Book (PDF): 978-3-8367-5007-3
E-Pub: 978-3-8367-6007-2

Einband- und Reihengestaltung: Finken & Bumiller, Stuttgart
Herstellung: Friedrich Pustet, Regensburg
Printed in Germany

Vorwort

Es gibt Geschichten, die uns über Jahre, ja ein Leben lang begleiten und so helfen, unseren Weg zu finden. Dazu gehört für mich eine Szene im Johannesevangelium (1,35–39), in der die erste Begegnung zweier Jünger mit Jesus erzählt wird:

> „In jener Zeit", lesen wir da, „stand Johannes am Jordan, wo er taufte, und zwei seiner Jünger standen bei ihm. Als Jesus vorüberging, richtete Johannes seinen Blick auf ihn und sagte: Seht, das Lamm Gottes! – Die beiden Jünger hörten, was er sagte, und folgten Jesus. Der aber wandte sich um, und als er sah, dass sie ihm folgten, fragte er sie: Was wollt ihr? Sie sagten zu ihm: Rabbi – das heißt Meister –, wo wohnst du? Er antwortete: Kommt und seht!"

Sooft ich diese Worte lese, fühle ich mich – wie soll ich sagen? – einbezogen, also mitten in die Geschichte hineinversetzt. Ich sehe mich als einen der Jünger, die Jesus nachgehen. Er fragt sie und sieht auch mich dabei an: Was sucht, was wollt ihr? Ach, Meister, denke ich, mag schon sein, dass ich – wie die Jünger – in der Aufregung auch erst einmal nach deiner Adresse frage. Aber du weißt, was ich wirklich sagen will: Ich möchte bei dir sein, in deiner Nähe. Ich möchte dich sehen, dir zuhören, dir mein Leben anvertrauen! – Ja, so ungefähr, du verstehst mich schon! –

Was Jesus den beiden Jüngern sagt, sagt er auch uns: Kommt und seht! Und da gingen sie mit, heißt es. Und sie sahen, wo er wohnte und lebte. Und sie blieben bei ihm an diesem Tag. Und mehr noch: ein Leben lang ...

In Seiner Nähe – mit diesem schönen Wort möchte ich eine bunte Sammlung von Texten überschreiben, die über Jahre hin auf meinem Weg entstanden sind: Liedtexte und Gebete, Anregungen für den persönlichen Glauben, Gedanken zur Besinnung, Worte der Liebe, Ermutigung zum Vertrauen. Ernstes also und auch Heiteres.

Ich bin dem Matthias Grünewald Verlag dankbar dafür, dass er sich erbot, eine Auswahl meiner Texte aus inzwischen vergriffenen Büchern erneut zugänglich zu machen. Wie schon bei der Sammlung „Auf Seiner Spur“ hat Frau Anneliese Hück auch dieses Mal eine gute Auswahl zusammengestellt.

So verschieden die Beispiele auch sein mögen, eines haben sie gemeinsam: Angesichts heute weit verbreiteter Glaubensmüdigkeit wollen sie Worte finden, die trösten und ermutigen, die neue Hoffnung wecken.

Er, der als göttliches Wort unter uns Menschen gewohnt hat, möge uns in Seine Nähe rufen! Sein Wort gilt ja noch: „Kommt und seht!“

Lothar Zenetti

Er ist nicht fern

Lobgesang

Mit den Schwingen der Vögel
schreibe ich deinen Namen
auf die silberne Stirne
des Himmels

Mit den Farben des Windes
male ich deinen Namen
und ich lasse ihn ziehn
mit den Wolken

Mit vervielfachten Lippen
bringe ich deinen Namen
übers Herz in die
Mitte der Sterne

Er ist nicht fern

Unbegreiflich ist Gott und
dennoch zum Greifen nah:

Überall und auch hier, wo du
bist, so lehren die Väter
der Gotteserfahrung, kannst du ihn
finden, ganz nahe bei dir,
so wie die Luft dich umgibt
hier in der wärmenden Sonne.
Spürst du das: Wärme?
Und wie die Luft dich jetzt
gänzlich umfängt?
Fühle nur dies, fühl es mit
sämtlichen Poren der Haut und
mit allen Zellen des Körpers
und ungeteilter Aufmerksamkeit
bis in die Tiefen der Seele.
Atme sie ein, diese Luft,
diese Wärme, bis sie dich
völlig durchflutet.
Und so nimm sie wahr, diese Welt
und alle geschaffenen Dinge
in großer Ehrfurcht und Demut
und bete den an, der sie schuf.
Spür seine Liebe in allem,
spür seinen Atem in deinem.

Er ist nicht fern
einem jeden von uns.

Immerhin

Es könnte doch sein, dass es das gibt,
sagt, was ihr wollt:

Ein Erbarmen, das mich hält,
das mich trägt von jeher.
Ein Erbarmen, in das ich mich
bergen kann jederzeit.

Sagt, was ihr wollt,
es könnte doch sein, dass es das gibt:

Dass einer da ist, der ja zu mir sagt,
der in mir atmet,
dessen Herz in mir schlägt,
er macht, dass ich bin.

Es könnte doch sein, dass es das gibt,
sagt, was ihr wollt.

Ich sehe

Ich sehe den sanften Wind in den Lärchen
gehn und höre das Gras wachsen,
und andere sagen:
Keine Zeit!

Ich sehe den wilden Wassern zu
und den Wolken über den Bergen,
und andere sagen:
Wozu?

Ich sehe den Schmetterlingen nach
und den spielenden Kindern,
und andere sagen:
Na und?

Ich kann mich nicht sattsehen
an allem, was ist,
und andere sagen:
Was soll's?

Ich bewundere dich, o mein Gott,
in allem, was lebt,
und andere sagen:
Wieso?

Großer Auflauf

Gesetzt den Fall,
der bekanntlich unsichtbare
Gott ließe sich erweichen
eines Tages
auf das besonders inständige
und anhaltende Gebet
des Weltkongresses für
Überwindung des Atheismus
oder dreier unbekannter
Wallfahrer hin
und zeigte sich
vierzig Minuten lang
in Frankfurt südlich des Mains
den staunenden Augen der
Bevölkerung von Sachsenhausen.

Da liefen gewiss dic
Kinder und Kneipenwirte,
die Sparkassenangestellten
und die Hausfrauen zusammen
und rissen die Augen auf
und hielten es nicht für möglich,
wenn Seine Herrlichkeit
(natürlich nur ein Vorgeschmack)
den Platz am Affentor erfüllte
und rings die Seitenstraßen.

Ein Menschenauflauf ohnegleichen
wär' die Folge und kilometerweit
ein wildes Hupkonzert
empörter Autofahrer,
die ja nie begreifen.
Doch sonst –
was würde sonst sich tun und
was sich ändern daraufhin?

Dies frag ich mich
und euch, verehrte Atheisten,
schreibt mir doch mal,
was ihr darüber denkt.

Wir

Wir sehen den Wald vor den Bäumen nicht
Wir sehn unter Leuten den Menschen nicht
Wir sehen vor Kirchen die Kirche nicht
Wir sehen den Weg, sehen ihn nicht

Wir hörn den Alarm in dem Lärmen nicht
Wir hören den Laut unterm Läuten nicht
Wir hörn in der Stimmung die Stimme nicht
Wir hören das Wort, hören es nicht

Wir können ihn sehen und sehen nicht
Wir können ihn hörn und wir hören nicht
Wir suchen ihn ferne und er ist nah
Wir suchen ihn nicht, doch er ist da

So fern ...

Ich lebe Tag um Tag
so viele Stunden lang
und spüre nichts von dir.

Lass mich doch dann und wann –
und sei's sekundenlang –
erfahren, dass du bist!

So nah ...

Ich berge mich bei dir.
Und wenn ich dich nicht seh, –
du schaust mich immer an.

Du bist mir zugetan.
Dein Segen geht mit mir.
Es schirmt mich deine Hand.

Ich atme ein und aus.
Von dir kommt meine Kraft.
Ich spür dich tief in mir.

Vielleicht, verborgner Gott,
bist du mir näher noch,
als ich mir selber bin.

Warum nur?

Wie kann ein Gott, fragt ihr, wenn es ihn gibt,
nur zulassen all das Schreckliche, was geschieht,
wie kann er zusehen dabei, und verhindert es nicht?

Warum lässt er sie einfach gewähren, die Mörder
und die Gewalttäter, die über Leichen gehen, und
alle, die sich bereichern am Elend der Armen?

Wenn er nur wollte, er, der allmächtig ist,
könnte doch wehren dem Bösen, der Brutalität,
die schon aufwächst unter den Kindern?

Aber will er? Liegt ihm daran? Vernimmt er
das Weinen derer, die ihre Lieben beklagen,
berührt ihn das himmelschreiende Unrecht?

Und wenn es ihn rührt, warum schweigt er dazu?
Ein Wort von ihm, und keiner, kein Einziger
müsste mehr leiden, sterben und elend zugrunde
gehn.

Doch auch den Vogel hindert er nicht, nach den
tanzenden Mücken zu jagen, und er lähmt nicht,
bevor sie den Vogel erbeutet, die Katze im Sprung.

Auch uns, ja auch uns lässt er immer noch leben,
er lässt uns gewähren, uns Menschen, uns Mörder,
die wir gnadenlos Kriege führen gegeneinander.

Er lässt zu, dass es uns gibt, die wir ausrotten
grausam, was er geschaffen hat. Er duldet auch mich.
Hat er noch Hoffnung? Er muss uns doch kennen!

Könnte es sein, dass du selber, der Unbegreifliche,
unter den Leidenden bist und empfindest wie wir
und leidest an uns und fühlst mit allen Geschöpfen?

Ist es wahr, dass du sie dennoch liebst, diese Welt,
und schonst sie um einer größeren Hoffnung willen?
Glaubst du womöglich noch immer, am Ende
bleibe die Liebe?

Bewunderung

Ich glaube an Gott, und ich glaube, hört ihr,
dass er ein Künstler ist, ein Erfinder:
Unbegrenzt sind seine Ideen. Alles ist neu,
was er macht, und aus erster Hand. Schön ist es,
vielgestaltig und aller Bewunderung würdig.
Der unendliche Kosmos, die Ordnung der Sterne,
das ist sein Plan. Wolken denkt er sich aus
und die Morgenröte, die Berge ließ er entstehn,
und sieh diesen Baum: Jeder Zweig, jedes Blatt
ist seine Erfindung, und ebenso formt er
Eidechsen, Fische und Schmetterlinge.

Er gleicht nicht dem Bild, das ihr euch
zurechtdenkt, euren Begriffen und Definitionen.
So wie ihr ihn beschreibt, hätte er niemals
so eine Welt voller Wunder erschaffen
und kaum mehr als eine Sorte von Menschen:
Alle kämen sie mit genormten Köpfen daher
und denselben Nasen. Nie und nimmer gäbe es
dieses seltsame Durcheinander von Dichtern,
Schönheitsköniginnen, Kellnern und
Kirchenvätern,
von Steuerprüfern, Rockfans und Radrennfahrern,
dazu noch die Großmütter und Musikanten.

Etwas von allem muss in ihm sein. Er ist ein
Hirte, glaubt mir, ein Liebhaber, Vater und
Mutter, ein Kinderspiel. Einer, der zaubern
kann und verzaubern, er ist ein großer Indianer.

Geheimnis lautet sein Name, und immer
der Andere,
hoch über allem, was ist, und allem voraus,
der Anfang, der Atem, der alles hervorbringt,
und seine Kraft ist spürbar in allem. Er wirkt
die Vollendung, nach der wir uns sehnen.
In Sturmwind und Feuer, so ist er erschienen,
er wohnt in der Wolke, im Wort, in der Stille.
Er sät seine Hoffnung unter den Armen.
Im Herzen der Liebenden ist er, inmitten
der Welt, und gepriesen sei sein herrlicher Name!

Versuch eines Lobliedes

(für Joachim Neander, nach dreihundert Jahren)

Lobe den Herren, den mächtigen ...

Aber wer tut das schon, sagt doch,
wer lobt denn heute, wer rühmt,
und überhaupt, wer vermag das noch:
loben, bewundern und preisen,
und gar noch den König der Ehren?

Wer kommt da, frag ich, vereint mit den
himmlischen Chören, kommt da zuhauf?
Wer lässt noch – Psalter und Harfe, wacht auf –
etwas wie Lobgesang hören?

Wo doch, wohin ich auch sehe,
alles, was Odem hat, in wie viel
Wohlstand verwöhnt und verführet,
nur im Verbrauchen geübt ist.

Das lässt doch, während es fordert,
kein gutes Haar mehr an allem,
kein Dank mehr und keinerlei Anlass zum Lob.

Du aber, Seele, dich frage ich,
hast du nicht doch, du wenigstens,
dieses dankbar verspüret, dass er
dich hält und dich sicher geführet?
Hat er nicht in wie viel Not dich geleitet
und über dir gnädig die Flügel gebreitet?

Vergiss es ja nicht, meine geliebete Seele,
singe davon, und wärst du die einzige Stimme
hier auf der Erde, die dankt und bewundert.
Alles, was in mir ist, lobe den Namen
dessen, von dem wir den Odem bekamen.

Sende uns Engel

Sende uns Engel, dass sie uns behüten,
dass sie uns beistehn auf unseren Wegen.

Ein starker Engel sei an deiner Seite,
wenn du bedroht wirst, stehe er dir bei.
In Gottes Kraft, so mög' er für uns streiten,
von bösen Mächten mache er uns frei.

Ein leiser Engel soll den Blick dir weiten,
das Ohr dir auftun und ans Herz dir rühr'n.
Er kommt als Bote, sanft will er uns leiten,
dass wir die Weisung Gottes in uns spür'n.

Ein guter Engel möge dich begleiten,
in Gottes Namen und von ihm gesandt.
So wird er über uns die Flügel breiten,
wenn wir ihn bitten, nimmt er unsre Hand.

Ein lichter Engel soll die Dunkelheiten,
die dich bedrängen, wandeln in das Licht.
Er mach' uns heil und führ' uns durch die Zeiten,
bis wir dann schauen Gottes Angesicht.

Sende uns Engel, dass sie uns behüten,
dass sie uns beistehn auf unseren Wegen.

Ein Wort ist ausgesandt

Schule der Meditation

Außergewöhnliches wollte ich tun
und erreichen: Kraft aus der Stille.
Aber ich lernte vor allem Geduld und
übte in Demut, nichts zu begehren.
Warte: es wird dir alles geschenkt.

Und weiter: das Große ist einfach.
Bemühe dich nicht, möglichst viel
Gutes zu tun, aber das wenige gut.
Nicht das Vielerlei suche, sondern das
Eine. Und besser noch: Lass dich finden!

Lange war ich beherrscht vom Gedanken,
das Leben und meines vor allem
sei ein Problem, und ich müsste es lösen.
Bis ich begriff: mich selbst muss ich lösen
aus aller Erstarrung.

Überaus wichtig erschien mir darum,
mich selbst zu erkennen und mich,
wie man sagt, selbst zu verwirklichen.
Bis ich verstand, dass ich erkannt bin
und Er, der mich liebt, mich verwirklicht.

So suchte ich Ihn zu erkennen
außerhalb, irgendwo ferne von uns,
hinter der sichtbaren Wirklichkeit.
Bis es mir aufging, lange danach: dass es
nichts Wirkliches gibt außerhalb Gottes.

Stille lass mich finden

Stille lass mich finden, Gott, bei dir.
Atem holen will ich, ausruhn hier.
Voller Unrast ist das Herz in mir,
bis es Frieden findet, Gott, in dir.

Lassen will ich Hast und Eile,
die mein Tagewerk bestimmen,
die mich ständig weitertreiben.
Innehalten will ich, rasten.

Will vergessen, was die Augen,
was die Sinne überflutet,
diese Gier: Das muss ich sehen.
Ruhen sollen meine Augen.

Lassen will ich alles Laute,
das Gerede und Getöne,
das Geschrei und das Gelärme.
Schließen will ich Mund und Ohren.

Will vergessen meine Sorgen:
Was ist heut und was wird morgen?
Ich bin ja bei dir geborgen,
du wirst allzeit für mich sorgen.

Stille lass mich finden, Gott, bei dir.
Atem holen will ich, ausruhn hier.
Voller Unrast ist das Herz in mir,
bis es Frieden findet, Gott, in dir.

Was ich dir rate

Bete, mein Freund, als wenn Beten genügte,
so als ob Gott über alles verfügte ...

Oder sei tätig, geh ran an die Dinge,
so als ob alles von dir abhinge.

Besser noch beides: beten und handeln.
Suche dein Tun in Gebet zu verwandeln,
in betendes Tun, in tätiges Beten.
Gott wird gewähren, um was wir flehten.

Tu, was du kannst, und vertrau seiner Gnade:
Die schreibt auf krummen Zeilen gerade,
die führt zum Ziel, was wir mühsam beginnen,
und was verloren scheint, hilft sie gewinnen.

Schau zu ihm auf und besorg deine Dinge,
so als ob alles von selber gelinge.

Später begreifst du: dein Mühen genügte.
Gott war's, der alles zum Besten dir fügte.

Dein Wort

Du sprichst zu uns dein Wort,
ganz arm wird es geboren.
Es geht von Ort zu Ort,
liegt keinem in den Ohren.

Ein Wort ist ausgesandt,
was wird es wohl erreichen?
Mit einer sanften Hand,
so wirkt es seine Zeichen.

Da kann es dann geschehn,
dass Menschen sich erheben,
dass Müde wieder gehn,
dass Totgesagte leben.

Ein Wort ist ausgesandt
mit wundersamen Zeichen,
geht wehrlos durch das Land,
ein Friede ohnegleichen.

Wer glaubt, wird es verstehn,
und mancher wird drauf schwören.
Wer Augen hat, kann sehn,
wer Ohren hat, kann hören.

Wer sind wir

Wer sind wir
dass wir sein Antlitz besingen
seine Stirne, auf der
geschrieben stand unsichtbar
das heilige Zeichen Gottes
seine durstigen Augen
sein Lächeln, das Hoffnung säte
und eine kommende Welt ausrief
Frieden ein Kinderspiel

Wer sind wir
dass wir sein Schicksal besingen
immer schon bebte die Erde
unter seinen Füßen
wo er auch ging zwischen den Dornen
zu den Verfemten
sein Anlaufen gegen
Habsucht und Heuchelei, gegen
die unerbittlichen Gesetze
seine unbeirrbaren Versuche
auf Erbarmen zu setzen, auf Güte
auf Gott allein, dieses
grenzenlose Vertrauen
das er bezahlte mit seinem Leben

Wer sind wir
dass wir die Liebe besingen
über den Tod hinaus
dass wir ihn nennen lebendig

und seine erregende Gegenwart
behaupten im Wort und im Brot
und mitten unter denen
die zusammenkommen, um
seinen Namen zu feiern und
sein Kommen zu erwarten
dieses unwiderlegbare Versprechen.

Herz Jesu-Verehrung

Einer, der ein Herz hat,
ein Herz für alle, die mühselig
und beladen sind,
ein Herz, das in Flammen steht.

Das sei nicht aktuell, so höre ich.

Den, der das sagt, den aktuellen Herrn,
mit dem vergleichend, der sein Leben gab,
den mit dem Herzen – möchte ich
durchaus nicht aktuell sein.

Sprich zu uns

Das Wasser aus dem Brunnen, das Brot,
ein Bauer, der sät, eine Hochzeit,
das Senfkorn, der Feigenbaum, der Weinstock,
das Lamm, eine verlorene Münze,
ein wenig Hefe, ein Maß Mehl,
ein Netz voller Fische, o Jesus –

Mehr brauchte es nicht, damals,
und die einfachen Menschen
haben die Wahrheit verstanden,
die in den Dingen liegt und dahinter.

O Jesus, Herr des 21. Jahrhunderts,
sprich dein Wort, deine Wahrheit
heute so einfach und unwiderstehlich
wie damals, dass Menschen von heute,
dass Menschen wie wir es verstehn.

Oder ist deine Wahrheit, o Jesus,
nur Wahrheit für Bauern und Fischer?
Sprich zu uns, schrei zwischen
Phon und Watt dein heiliges
Wort uns ins Ohr, mach Wahrheit
erkennbar in dieser Wahnsinnswelt
von Bytes und Waschmitteln, die
nicht wahrhaben will und lieber
vertröstet die hungernden Massen
auf die Auslosung der Glückslotterie.

Das Lied von Gottes Wort

Es ist ein Wort auf deinen Lippen
das geht vor uns her das geht über das Wasser
und wer es vernimmt
der folgt wie im Traum

> Wenn du sprichst
> vermehrt sich das Brot
> werden selig die Armen
> verlorene Söhne
> finden nach Haus

Es ist ein Wort auf deinen Lippen
das legt einen Schatz in den täglichen Acker
und wer ihn erkennt
gibt alles dafür

> Wenn du sprichst
> dann sehen wir schon
> mit verwunderten Augen
> die kommende Stadt
> hier wo wir sind

Es ist ein Wort auf deinen Lippen
das geht wie ein Lauffeuer rund um die Erde
das wandelt den Staub
in flammendes Licht

Ohne dich

Ohne dich
den großen Wanderer
und deine entschiedenen Fußspuren im Sand
kommen wir keinen Schritt weiter

Ohne dich
und deinen strahlenden Blick aus Licht
der die Augen auftat den Blinden
erlöschen die Kerzen auf unseren Altären

Ohne dich
und die Unwiderstehlichkeit
deiner sanften Stimme, die uns zu teilen heißt
geht uns noch heute das Brot aus

Ohne dich
du spendabler Gast
bei der fröhlichen Hochzeit von Kana
reicht unser Wein nicht zum unaufhörlichen Fest

Warum

Warum, frage ich,
warum schon mit dreißig
Jahren oder wenig mehr:
Einer, der doch erst anfing,
ein Frühling, eine Verheißung.
Warum starb er so jung am Kreuz?

Warum nicht mit fünfzig,
dann könnten wir sehen an ihm,
wie man das durchhält als Mann
über Jahre hin, wie man das macht,
dass der Traum auch Wirklichkeit wird.
Warum starb er so jung am Kreuz?

Warum nicht mit siebzig,
dann könnten wir sehen an ihm
die Ernte des Lebens und
wie man das Alter besteht und das
junge Herz in der Erfahrung bewahrt.
Warum starb er so jung am Kreuz?

Neunbändig

Über die Menschlichkeit Jesu
veröffentlicht Professor Purzelmann
ein neunbändiges Werk.

Ich stelle mir, dies lesend,
Jesus vor: Schon höre ich
aus Richtung Kana
sein unbändiges Lachen.

Zu Lukas 12,49

Wer kommt und taut
die tiefgekühlten Christen auf?
Der mit dem brennenden Herzen.
Der mit dem glühenden Wort.
Der mit der Brandfackel, der Brandstifter.
Der kommt zu werfen ein Feuer auf die Erde
und der will, dass es brennt.
Der ist unterwegs.
Der kommt bestimmt.
Der kommt und taut
die tiefgekühlten Christen auf!

Bibelabend

Wenn ich euch frage, sagt ihr alle: Ja,
natürlich ist ein Bibelkreis uns wichtig,
und ganz bestimmt sind wir dann alle da!
Vielleicht war das doch etwas unvorsichtig,
denn als der Abend nahte, was geschah?
Ich saß mit sieben, und ich zählte richtig,
es waren sieben, die ich um mich sah.
Den andern schien die Sache nicht so wichtig.
Es gab gewiss auch Gründe hier und da,
die man versteht, ich bin nicht uneinsichtig:
Es kam ein Onkel aus Amerika.
Das Baby schrie. Die Oma wurde gichtig.
Es fühlte sich nicht wohl die Frau Mama.
Und diese Gründe sind durchaus gewichtig,
ich seh es ein. Doch sieben waren da
zu meiner Freude, und ich fand es richtig,
was einer aussprach: Jesus war uns nah.

Ein anderes Magnificat

Ein Sämann ging aus
und ging über die Erde:
Ein Wort fiel vom Himmel
fiel mir in den Schoß.

Fiel auch auf den Weg
fiel auf steinigen Grund
fiel unter die Dornen
wer kann es verstehn?

Fiel unter die Räuber
fiel unter dem Kreuz
fiel tief in die Erde
wer kann es verstehn?

Die Saat brachte Frucht
und ging auf in der Erde:
Ein Wort fiel vom Himmel
fiel mir in den Schoß.

Behütet sind,
die sich lieben

Kann sein

Kann sein ein Jahr,
kann sein ein Tag,
vielleicht nur kurz,
ein Stundenschlag –
        so ist das mit der Liebe.

Kann sein mit dir,
kann sein bei mir,
wir sagen Ich
und Du und Wir –
        so ist das mit der Liebe.

Kann sein ein Blick,
kann sein ein Mund,
ein Blumengruß,
Umarmung und –
        so ist das mit der Liebe.

Kann sein, kann sein,
mir ist nicht bang,
ein Tag, ein Jahr,
ein Leben lang –
        so ist das mit der Liebe.

Klar doch

Klar doch, die Liebe,
hör ich dich sagen,
wir leben zusammen.
Einfach nur so,
ohne Probleme,
Papiere und so ...

Wir verstehn uns
echt super,
kann ich dir sagen.

Und wenn's dann
doch schief läuft mit
euch, einfach nur so?

Klar, kann passieren.
Dann sag ich: das
war's halt, gehn wir
auseinander.
Einfach nur so,
ohne Vorwürfe,
Tränen und so ...

Klar doch, denk ich,
die Liebe von heute.
Einfach nur so.
Und mehr ist nicht drin?

Geständnis

Mit keinem Wort sprach ich davon,
dass ich dich liebe.
Während ich vor dir stand, habe ich
von unwichtigen Dingen gesprochen,
mit zitternder Stimme, mag sein,
und mein Herz zersprang fast dabei.
Wie kann das sein, sag,
dass deine Augen nun so leuchten?

Verzauberung

An einem grauen Tag
bist du mit mir
in den Park gegangen.

Der fing zu blühen an.
Die Vögel in den Bäumen
hatten goldene Federn.

Ein Augenblick

Einen Atemzug lang
hast du mich angesehn,
Trauer fand ich
in deinen Augen.
Weißt du, dass ich
Länder durcheilte,
viele Tage und Nächte lang,
in diesem einen Augenblick,
um dir das Lächeln zu bringen,
das du verloren hast?

Wenn es dunkelt

Schon gehen Schatten
über die Erde, da lass mich
dich fragen, mein Liebes,
ob du mein Traum sein willst:

Und leben leise über meinem Tag
und mit mir gehen unsichtbar
und zu mir kommen in der Nacht
und meinem Herzen nahe sein?

Nimm meine Hand und
schließe die Augen.
Wenn wir uns lassen,
werden wir sterben.

An einem gewöhnlichen Vormittag

Ein Anruf für Sie, sagt
die Kollegin fassungslos
zu mir herüber: Wenn ich
recht verstanden habe,
aus dem Paradies. –

Hörst du mich, so tönt es
leise aus der Muschel,
hast du mich noch lieb?
Und ob, sage ich, sehr,
gib acht auf deine Flügel!

Die Kollegin schaut entgeistert.
Es war mein Engel, sage ich.

Lied der Liebenden

Wir sind uns begegnet
hoch über der Erde,
da fanden wir uns
in unseren Träumen.

Was trug uns empor,
dass wir die Erde verließen,
das alternde Land und
die vielfach gefalteten Tage,

dass wir schwerelos wurden
und dahinschweben nun
nebeneinander
leicht wie ein Lied?

Wer, wessen Stimme,
wessen überströmendes Herz
sang es hinaus,
dieses Lied in den Wind?

Wer singt es in uns
unwiderstehlich – wer macht,
dass wir zwei Lippen sind
eines einzigen Mundes?

Die Handlinie

Wie denn
soll ich vergessen die Stimme
sag, und den Atem
mit dem du mich liebtest

wie denn dein Haar
so sanft
das mich forttrug
fort mit dem Wind

und wie
deine Augen
in denen ich schlief
leichter als Licht

Es ist ja seitdem
tief in die
Höhlung meiner Hand
eine Linie geschrieben

der ich nachgehe
wie im Traum
über diese Erde
die ein Stern ist

Den Liebenden

Behütet sind, die sich lieben,
und nichts darf ihnen geschehn.

Sie halten sich an den Händen
und können ihr Glück nicht verstehn.

Der eine erkennt sich im andern,
wenn sie in die Augen sich sehn.

So tauschen sie Leben um Leben,
und nichts soll ihnen geschehn.

Verlässlich trägt sie die Erde,
auf der sie wie Träumende gehn.

Und über ihnen am Himmel
lässt Gott seine Sterne stehn.

Behüte, Herr, die sich lieben,
so leicht kann die Liebe vergehn.

Das Wort

Ein zärtliches Wort
hast du mir gesagt,
dem bin ich gefolgt.

Ist fortgegangen, das Wort.
Hab's nie vergessen.
Hab's überall gesucht.

Als ich es wiederfand
in einem fremden Haus,
hat's einem andern gehört.

Erinnerung

Alle die Wege, die wir gingen gemeinsam,
geh ich alleine wieder und wieder zurück,
suche immerzu in den Rinden der Bäume
das Zeichen, das ich einschnitt, mein Herz.
Behutsam such ich am Boden die Spur deiner Füße,
so leicht, so heiter gingen sie neben mir her.

Ich weiß, da waren die Blätter noch grün im Wald.
Nun ist der Herbst darübergekommen, und kahl,
ohne Laub stehen die Bäume.
Es singt mir kein Vogel.
Hab selber vergessen das kleine Lied,
das wir sangen, weißnichtwo ging es verloren.
Vorbei, vorbei. Nur dein Herz hab ich noch,
das hast du mir geschenkt, lang ist es her.

Die Umarmung

Ich hörte sagen,
jeder von uns, jeder Mensch,
trage verborgen
eine Sehnsucht in sich
wie einen Flügel.

Unsichtbar
entfalte er sich
in der Liebe.

Vielleicht,
wenn einer sich selber
vergäße, um sich zu finden
in einem andern,
fügten sich beider
Schwingen zusammen.

Und es höbe
ein neues Verlangen
die Liebenden auf,
und ein Flügelpaar
trüge sie fort und empor
miteinander,
einer umfassenden Liebe
entgegen.

Der uns verwandelt

Der das Geschlecht erfunden hat
den unergründlichen dunklen Schoß
und das unstillbare Verlangen
nach Vereinigung

Der Menschen anrührt und
ruhelos macht, dass sie sich selber
vergessen und ineinander
verlieren und finden

Der uns verwandelt in Zärtlichkeit
Zauberworte uns eingibt
und Träume in uns erweckt, die
nicht von dieser Welt sind

Der noch lockt über alles hinaus
leise dass Menschen verzichten
um einer größeren Hingabe willen

Der nicht müde wird
das Lied von der Liebe zu singen
und atemlos
immer neue Strophen erfindet in uns

Der hat uns geschaffen ruhelos
für eine ewige Hochzeit
für eine unendliche Vereinigung

Der will selig sein
nicht ohne uns

Im Alter

Nichts ist selbstverständlich,
ich weiß. Die Sonne nicht
und nicht die Wolken am Himmel,
und dass die kahlen Äste
wieder Knospen tragen
und der Frühling siegt
über den langen eisigen Winter.

Und überhaupt, dass ich bin,
dass ich noch atme
und gehe unter den Bäumen
mit dir, und wir hören
die Stimmen der Vögel
und sehen den Kindern zu,
wie sie spielen.

Und dass wir dies alles ringsum
noch einmal, noch diesmal
und wie nie zuvor noch erleben,
dafür wollen wir dankbar sein,
wir beide, von ganzem Herzen,
ehe es dunkel wird
und wir für immer dahingehn.

Winter

Der Weg, den wir gingen
nebeneinander
durch sommerlich blühende Gärten,
jetzt ist er verschneit.

Wer hier geht,
wird meine Spur finden
im Schnee, wird denken:
da ging einer allein.

Deine Schritte sind noch klein

Lied für die Taufe

Es ist ein winzig Menschenkind
in unsre Welt geboren,
so freut euch, denn Gott hat die Lust
an uns noch nicht verloren.

Es kommt ein Kind mit kleinem Schritt
in unsre Welt gegangen,
und wieder wird ein altes Lied
von vorne angefangen.

Es wächst ein Kind mit jedem Tag
und wird nicht müd zu schauen,
es fragt uns, wie viel Sterne sind
und schenkt uns sein Vertrauen.

Es greift ein Kind nach unsrer Hand
im Weinen oder Lachen,
in einem Kind sprach Gott sein Wort,
das will uns selig machen.

Darum fürchtet, fürchtet, fürchtet euch nicht,
denn die Nacht ist vorbei und es leuchtet das Licht.
Geh ihm nach, mein Kind, und erkenn sein Gesicht:
Er war tot und er lebt, darum fürchte dich nicht!

Tauflied für M.

Deine Schritte sind noch klein,
morgen gehst du schon allein,
gehst woanders aus und ein,
morgen wird bald heute sein.

Deine Finger sind noch klein,
morgen werden's Fäuste sein,
bau'n ein Haus aus festem Stein,
morgen wird bald heute sein.

Wer bist du, wer wirst du sein?
Heißt du Abel oder Kain?
Leben, das ist ja und nein,
morgen wird bald heute sein.

Zur Tauferneuerung

Im Wasser der Taufe hat Gott uns erwählt,
so sind wir zu seiner Gemeinde gezählt,
das Heil Gottes zu wirken, das Heil Gottes für alle.

Es war ein Tag, da hat mich Gott gerufen,
es war ein Tag, da hat man mich getauft:
Du bist ein Christ, so gab man mir den Namen,
du bist ein Christ und sollst es immer sein!

Heut ist der Tag, da kann ich das erkennen,
heut ist der Tag, da sag ich ja dazu:
Ich bin ein Christ, so nenn ich meinen Namen,
ich bin ein Christ und will es immer sein!

Es kommt ein Tag, da will mich Gott vollenden,
es kommt ein Tag, da nimmt er meine Hand:
Du bist ein Christ, so nennt er meinen Namen,
du bist ein Christ und wirst es immer sein!

Im Wasser der Taufe hat Gott uns erwählt,
so sind wir zu seiner Gemeinde gezählt,
das Heil Gottes zu wirken, das Heil Gottes für alle.

Unsere Kinder

Sieh nur, wie schön sie sind, unsere Kinder,
unbeschwert, voller Leben und Lachen
laufen sie hin, Geschöpfe des Ewigen
und doch auch Kinder unserer Liebe.

Ja, das ist Leben von unserem Leben:
Alles, was war, die gemeinsamen Jahre,
die Hoffnungen, die wir teilten, die Sorgen,
all das lebt weiter, jede Umarmung.

Schau nur, sie haben deine Augen und meine,
aber das Lied, das sie jetzt singen,
hörst du, das ist ein neues Lied,
doch es gefällt mir, was sie da singen.

Und solang es das gibt, dieses Lachen
und so ein Lied, ist die Welt nicht verloren.
Sieh nur, wie fröhlich sie sind, unsere Kinder,
Gott soll sie schützen ein Leben lang.

Hört auf die Kinder

Hört, was die Kinder euch fragen,
hört auf die Kinder, ihr Leut',
denn in den Fragen der Kinder
redet die Wahrheit, schon heut'!

Seht, was die Kinder heut' spielen,
geht nicht vorüber, ihr Leut',
denn in den Spielen der Kinder
zeigt sich die Zukunft, schon heut'!

Hört, was die Kinder heut' singen,
singt mit den Kindern, ihr Leut',
denn in dem Lied, das sie singen,
singt eure Hoffnung, schon heut'!

Seht, was die Kinder erträumen,
liebt eure Kinder, ihr Leut',
denn in den Augen der Kinder
glänzt die Verheißung, schon heut'!

Am schönsten Tag

Von den Eltern ein Fahrrad
von der Oma eine Armbanduhr
vom Opa Rollschuhe
von Tante Susi eine Handtasche
von Tante Olga einen Wecker
von Onkel Jochen einen Füllfederhalter
von Onkel Kurt und Tante Ingrid ein Armband
von Müllers eine Halskette
von der Patin eine Silberbrosche
dann mehrere Spiele
sechsmal Pralinen
vierzehn Blumenstöcke und -sträuße
neun Telegramme
sechsunddreißig Glückwünsche

und eine kleine Hostie

Anfang und Ende

Am Weißen Sonntag
brennen viele Kerzen
in Kinderhand

In der Mitte
die Osterkerze
Alpha und Omega

Am Weißen Sonntag
brennen viele Kerzen
in Kinderhand

Erste und letzte
heilige Kommunion
Anfang und Ende

Empfehlen wir dic
Kinder und die Lichter
in Gottes Hand

Marienlob der Kinder

Gegrüßet seist du Königin,
ich schenk dir einen Stern,
du kannst ihn um den Hals dir tun,
das ist ja jetzt modern.

Ich schenk dir einen Fliederstrauß,
der stammt von Nachbars Zaun,
doch als der plötzlich aufgetaucht,
da sind wir abgehaun.

Du hast 'ne klasse Krone auf
aus Gold und Edelstein.
Was meinst du, sind die Steine echt,
gehör'n sie dir allein?

Du hältst den kleinen Jesus fest,
damit ihm nichts passiert.
Du bist die schönste Königin,
und schick bist du frisiert.

Jetzt singen wir dir noch ein Lied,
die Andacht ist gleich aus.
Dann spielen wir noch Völkerball,
nur Rainer muss nach Haus ...

Berufsberatung

Was willst du machen
aus deinem Leben,
was willst du werden,
es steht dir frei:

> Ein wandelnder Terminkalender,
> ein Kerzenleuchter für das Fest,
> ein Briefbeschwerer ganz aus Eisen,
> ein Aschenbecher für den Rest?
>
> Ein Vogelkäfig für die Taube,
> ein Messer für das täglich Brot,
> ein Kleiderschrank für die Kostüme,
> ein Lutschbonbon in Rosarot?
>
> Ein Aktendeckel mit Rezepten,
> ein Hut, ein Lied, ein Zirkuszelt,
> ein Gläschen Wein, ein Sofakissen,
> ein Stückchen Himmel auf der Welt?

Was willst du machen
aus deinem Leben,
was willst du werden,
es steht dir frei ...

Bedenkt es,
ihr Christen

Herr, mache deine Kirche

Herr,
mache deine Kirche zum Werkzeug deines Friedens
    Wo Menschen sich befehden
    ein jeder gegen jeden
    hilf uns den Frieden schaffen
    in einer Welt von Waffen

Herr,
mache deine Kirche zur Stimme deiner Wahrheit
    Inmitten von Intrigen
    Verdrehungen und Lügen
    hilf uns die Wahrheit finden
    und unbeirrt verkünden

Herr,
mache deine Kirche zum Anwalt aller Armen
    Dass sie stets auf der Seite
    der Unterdrückten streite
    hilf uns das Recht verbreiten
    auch für die Minderheiten

Herr,
mache deine Kirche zum Anfang deiner Zukunft
    Dass alle in ihr sehen
    die neue Welt entstehen
    du kannst uns Menschen einen
    Herr, lass dein Reich erscheinen

Die Lage

Die Lage ist, so sagen manche, kritisch
in dieser Kirche. – Doch bedenkt:
Noch nie gab es so viele Christen unter uns,
die fordern, dass sich alles bessern soll
und es gefälligst anders werden muss. –
    Für so was waren einst Propheten nötig
    und Prediger der Buße, die das sagten.

Noch nie zuvor gab es so viele Gläubige,
die selbst entscheiden, was man glauben soll
beziehungsweise will – oder auch nicht. –
    Wir mussten früher alles Mögliche beachten,
    etwa das Credo oder auch die Bibel. –

Und nie, bedenkt, gab es so viele Christen,
die nicht das mindeste sich vorzuwerfen haben,
und ihr Gewissen weiß von keiner Sünde. –
    Dagegen war man früher, wie ihr wisst,
    doch unentwegt am Beichten. –

Auch gab es bisher nie so viele Gläubige,
die, wie sie sagen, keine Kirche brauchen
und gut auch ohne Sakrament auskommen. –
    Was war der Weg zum Heil, das Christentum,
    doch früher kompliziert! –

Bedenkt das alles, die ihr Christen seid
in dieser lauen und verwirrten Zeit.
Bedenkt es wohl, damit ihr endlich seht,
es hilft nur eines: Umkehr und Gebet.

Heutzutage

Zur Zeit hört man vielfach
die Klage, der Papst und die Kirche
versage, kritisch sei unsere
Lage, so dass man als Christ schier

verzage. Verzeiht, wenn ich es nun
wage und meine Meinung hier
sage, dass ich hinterfrage die
Klage und dabei mich selber

befrage. Da muss ich gestehen: ich
trage ja ebenso bei zu der
Plage, indem ich nicht minder
versage. Das ist, ich sag's ehrlich,

die Lage, so kommt's, dass ich manchmal
verzage und bitte, dass Gott
heutzutage uns lächelnd ertrage
und sein Gericht noch vertage.

Unsereiner

Ich habe durchaus
an der Kirche, so wie sie ist,
einiges auszusetzen.

Ich fürchte indessen,
der Kirche geht es, was mich
betrifft, nicht viel anders.

Gut, dass die heilige Kirche
zwar göttlichen Ursprungs,
aber zugleich eine
überaus menschliche
Kirche der Sünder ist.

So ist immer noch Platz,
auch für Leute wie mich.
Und ich finde hier,
wonach ich am meisten
verlange: Erbarmen.
Und Gottes unbegreifliche
Gnade.

Was ich brauche

Oft höre ich sagen
Um ein Mensch zu sein
anständig nett und tolerant
dazu
brauch ich keine Kirche
keinen Gottesdienst
und all das

Mag sein
Doch um das Licht der Welt
zu sein das Salz der Erde
Diener der Versöhnung Ausspender
der göttlichen Geheimnisse
Anfang seiner neuen Schöpfung
um zu den Anbetern zu zählen
in Geist und Wahrheit denn
solche sucht der Vater
dazu
brauche ich die Kirche
den Glauben den Gottesdienst
das Wort und das Brot
und all das und
den Menschensohn den Gottessohn
um Mensch zu sein
wie Gott ihn will
ich brauche ihn und denke
du brauchst ihn auch

Kleine Anfänge

Die Schwalbe macht noch keinen Sommer
ein Stein, daraus wird noch kein Haus
die Knospen sind noch nicht die Blüten
ein Wort, was richtet das schon aus?
Doch kommt der Sommer mit den Schwalben
aus Steinen wächst so manches Haus
es blühn bald überall die Bäume
ein Wort, das richtet Frieden aus.

Ein Körnchen füllt noch keine Kammer
ein Tropfen fällt auf heißen Stein
was kann denn einer schon erreichen
die Hand, rührt sie sich nicht allein?
Und dennoch ist etwas geschehen
denn steter Tropfen höhlt den Stein
die Hand die wäscht dann schon die andre
im Körnchen kann die Wahrheit sein.

Ein kleiner Kreis beginnt zu leben
am Anfang fühlt man sich allein
man geht daran sich zu verändern
und will Gemeinde Christi sein
In ihrer Mitte sieht man Zeichen
dass Gottes Herrschaft bricht herein
Er will durch sie die Welt erneuern
und allen Menschen Zukunft sein.

Allgemein

Ihr betet um Frieden
und ihr meint damit
es soll bleiben wie es ist

Ihr betet um Gerechtigkeit
und ihr meint damit
es soll bleiben wie es ist

Wir meinen
es darf nicht bleiben wie es ist
deshalb beten wir
um Frieden
und Gerechtigkeit

Es hat seine Vorteile
wenn in der Kirche alles
ziemlich allgemein formuliert wird

Erste Wahl

Die er sich griff, die zwölf,
die waren nicht von Pappe:

Der Felsenmann,
der Eiferer,
die Donnersöhne,
und wie sie alle hießen,
die Zeugen seiner Auferstehung.

Wo die hinkamen,
da wuchs kein Gras mehr
über seinem Grab.

Entschlossene Kursänderung

Nicht was ankommt –
nein:
was ansagt
den, der kommt!

Nicht was uns anspricht –
nein:
was den Anspruch dessen ausspricht,
der kommt!

Nachfrage

Angelockt durch die eindrucksvolle
Schaukasten-Dekoration, die lebendigen
Glauben, Gotteserfahrung, aber auch tätige
Liebe und frohe Gemeinschaft verspricht,
frage ich nach, wo solches zu haben.

Zum Beispiel den Glauben hätte ich gern.
Man weist mich nach oben: erste Etage.
Dort zeigt man mir freundlich einige Bücher
wie: Christen heute. Der Glaube im Alltag.
Der Glaube der Bibel. Glaube für morgen.

Ach, wissen Sie, sag ich, ich dachte ja
eigentlich nicht so an Bücher. Eher an
Menschen mit einem lebendigen Glauben,
die mir da helfen. Das muss es doch geben
in einer Gemeinde: Gotteserfahrung.

Nun ja, so höre ich sagen, natürlich
gibt es das hier bei uns. Zum Beispiel im
Gottesdienst-Angebot. Auch ein Kurs sei
geplant über Themen des Glaubens, vielleicht
im Frühjahr, falls Interesse vorhanden.

Man biete ja vieles, für Kinder zum Beispiel,
auch Kirchenchor, Disco, Seniorengymnastik
und Elternberatung, Töpfern und Basteln, für
jeden etwas. Nur Religion sei eben wenig gefragt.
Da gehn Sie am besten zum Pfarrer.

Den Seelsorgern meiner Generation

Vielleicht gesteht man uns
am Ende einmal
mildernde Umstände zu,
weil wir beschäftigt waren
alle die Tage, all unsere Tage.

Immerfort beschäftigt: Termine,
Zusammenkünfte, Besprechungen
in dieser seltsamen Manie
des unaufhörlichen Redens und
Beredens, des Geredes, des
ununterbrochenen Gespräches
aller mit allen und jedem.

Immerfort etwas zu tun:
Es muss was geschehen,
sagt einer, irgendeiner
wird es schon sagen;
was geschieht denn schon!?
Dabei sind wir tätig
für unsere gute Sache
ohne Pause beschäftigt
ohne Ruhe, außer Atem.

Immerfort all die Tage
seit ich denken kann
werden wir gelebt,
beschäftigt, getrieben:

Es muss was geschehen,
was geschieht denn schon
für unsere gute Sache!?

Manchmal frage ich zurück:
Ja was geschieht denn schon,
während wir beschäftigt sind
während wir gelebt werden?

Und was geschieht denn
am Ende einmal
mit uns und mit dem, was wir
vorhatten und nicht vollbrachten?
Weil wir beschäftigt wurden
von anderen mit anderem.
Vielleicht gibt man uns
mildernde Umstände –
vielleicht auch nicht.

Später

Manchmal frage ich mich: Was wird bleiben
später, wenn wir lang nicht mehr sind, in
sagen wir hundert, zweihundert Jahren, von
uns, unseren Hoffnungen, den Sorgen und all
den Gebeten, den Liedern, die wir gesungen?

Was wird bleiben von den Kirchen, die wir
erbauten, mit ihren riesigen leeren Wänden,
weil uns nichts einfiel, kein Bild, keine
Vision mehr, kein Maler auch, dem wir es
zutrauten, das Unbegreifliche sichtbar
vor Augen zu stellen?

Aber vermochten wir selber denn, von unserem
Glauben zu reden? Wussten wir noch, wie ein
Heiliger aussieht? Vom Himmel zu schweigen,
der immer blasser und fremder wurde
unter den endlosen Diskussionen, bis er
entschwand schließlich und nichts uns
blieb außer verlegenem Schweigen?

Mag schon sein, dass sie verfallen sein werden
später, verlassen die riesigen Mauern und
Türme der Kirchen und stumm die Orgeln,
die Glocken, indes vielleicht eine kleine
Gemeinde irgendwo sonst sich versammelt
im Hinterhaus, in einem Laden.

Aber auch möglich, wer weiß, dass die heiligen
Räume geschmückt sein werden mit neuen und
hinreißenden Bildern des wiederentdeckten
Glaubens und dass Menschen singen, wie wir
es taten, inbrünstiger noch als wir,
das alte und immer neue Lied gegen den Tod:
das unbesiegbare Halleluja.

Was ich bin, was ich wünsche

Was ich bin und weiß und erhoffe,
danke ich dieser heiligen unheiligen
Kirche aus Staub und Licht und
all diesen Menschen, die vor mir
waren und neben mir leben.

Nichts wünsche ich so sehr
als weiterzugeben das Wort und das
Brot und das gekreuzigte
siegreiche Leben an Menschen,
die nach mir kommen, wer sie auch
sind, wo sie auch leben und
wie auch immer sie einmal
ihr Halleluja singen.

Was in der Welt so vorgeht

Der Fremdenführer erzählt

Am meisten begeistert
sind die Touristen immer
über die Elendsviertel
davon können sie
gar nicht genug kriegen
da opfern sie all ihre
Filme unglaublich
wie fotogen das ist
diese Hütten in der
sengenden Sonne und die
erloschenen Gesichter
welch ein Motiv
zu viert und mit Tele
belauern sie den
Hungertod des alten Mannes
sie lassen zu sich kommen
die Kindlein und knipsen das
zerlumpte Kleinvolk das
bettelnd – gimmi money –
die Hände ausstreckt

Ein glückliches Volk
werden sie sagen zu Haus beim
Vorführen der Dias
das ganze Jahr über
scheint die Sonne
die Menschen dort leben
wie im Paradies.

Sie haben recht:
Den Armen ist ja wirklich
das Paradies verheißen.

Heute

Heute in der Tagesschau
beim jüngsten Fernsehgericht
sah ich die hungernden Kinder.

Furchtbar,
dachte ich
dem Pfeifenrauch nach.

In der Nacht
habe ich dann
ein Auge zugemacht.

Zweierlei

Für die einen heißt Leben:
Dach überm Kopf
Brot auf dem Tisch
und arbeiten können
heute und morgen

Für die andern heißt Leben:
Antenne am Dach
Wurst auf dem Brot
nicht arbeiten brauchen
heute und morgen

Also

Der mich dauernd
anpredigt, ich sei mit schuld
am Elend in der Welt –

Der kann mir mal
den Buckel runter
den Rücken runterrutschen –

Der kann mir mal
kalt den Rücken
hinunterlaufen!

Die Führungskraft

Der die Verantwortung übernimmt –
übernimmt er sich nicht?
Der die Richtung bestimmt –
weiß er, ob sie stimmt?
Der das Sagen hat –
hat er auch etwas zu sagen?
Der im Vordergrund steht –
kennt er auch die Hintergründe?
Der den Ton angibt –
kann er wenigstens singen –
oder warum gibt er an?
Der anderen befiehlt –
kann er selber gehorchen?
Der der Oberste sein will –
wie steht er zum Höchsten?
Der die Verantwortung übernimmt –
übernimmt er sich nicht?

Transportproblem

Während unseres Mittagessens
halbe Stunde am Sonntag
gemütlich am Familientisch
Gemüsesuppe und Kalbfleisch, gut durchgebraten
Soße, dazu Erbsen, Karotten
greift doch zu, Kinder
es darf nichts übrig bleiben
(dann gibt's schönes Wetter, sagt man)
Bier dazu, nachher noch Trauben
Zigarette, versteht sich.

Währenddessen
wie gesagt, so richtig gemütlich
sterben in Lateinamerika, also anderswo
dreißig Kinder unter vier Jahren
alle 56 Sekunden eins
und nicht nur am Sonntag, versteht sich
an Unterernährung.
Rafael Ramos, Spezialist für Kinderheilkunde in
Mexiko, stellte dies kürzlich fest.
Alle 56 Sekunden eins
scheußliche Sache das, aber nicht zu ändern,
Transportproblem vermutlich.

Was kann man tun?
Beten, heißt es.
28 Sekunden dauert ein Vaterunser
bleiben noch weitere 28, ehe das Kind stirbt
alle 56 Sekunden eins.

Bleibt noch Zeit, nachzudenken, was das
für eine Welt ist, in der
nichts übrig bleiben darf, damit das Wetter
schön wird,
in der aber, anderswo freilich
und Transportproblem
so viele Kinder verhungern
so um die sechzig pro Stunde
eineinhalbtausend am Tag
und warum das so ist, und ob das
ein Leben ist, was wir führen.
Bleibt noch Zeit nachzudenken, was in der Welt
so vorgeht, so vor Recht geht,
und vielleicht etwas zu tun
ehe wir sterben.

Unter der Sonne

Gelobt sei
mein schlechtes Gedächtnis
das mir erlaubt
im Ganzen mit mir zufrieden
und dennoch ein Zeitgenosse
mithin auch Mitwisser
so vieler ungeheuerlicher Verbrechen
und mörderischer Verhältnisse
an diesem Tage zu leben
mich guter Gesundheit
blühender Bäume und
eines blauen Himmels
heute zu erfreuen
und nicht mehr nie mehr
an gestern zu denken

Die Luft

Die Luft ist rein,
sagte der Dieb,
niemand hat was gemerkt.
Als man es merkte, zu spät,
sah man, was fehlt.
Es war viel.

Die Luft ist rein,
sagte die Industrie,
niemand merkt etwas.
Als man es merkte, zu spät,
sah man, was fehlt.
Es war sehr viel.

Freigebig

Man schätzt,
dass der Mensch jährlich
achthundert Millionen Tonnen
an verschmutzenden Substanzen
in die Atmosphäre abgibt.

Ich·denke:
So viel muss ihm seine Atmosphäre
schließlich auch wert sein.

Demnächst

Die letzten Paradiese werden angepriesen
und angeflogen. In Nordsibirien
Wasser, das noch nicht gechlort ist
auf Bali eine Palme, die nicht im Kübel steht
im Ruhrgebiet verkauft man Stille
und Luft, nicht in Höchst hergestellt
bei Assisi gibt's eine kleine Kapelle
im Main soll man bei Hanau
einen Fisch gesehen haben
die Leute werden immer anspruchsvoller
jetzt wollen sie sogar Brot essen

Verehrung

Wir verseuchen das Wasser
Wir verpesten die Luft
Wir verräuchern die Lungen
Wir verbrauchen das Herz

Wir verjubeln die Stille
Wir vertreiben die Zeit
Wir verscherzen die Liebe
Wir verraten den Traum

Wir verwerten die Werte
Wir verwalten das Heil
Wir verplanen das Morgen
Wir verehren – Gott

Große Zeiten

Das ist immer dasselbe
in den großen Zeiten:

Die einen glauben daran.
Die andern
müssen dran glauben.
Die Übriggebliebenen
haben es natürlich
kommen sehen
und haben dennoch
von allem nichts gewusst.

Auf dem Wege

Auf dem Wege
von Jerusalem übers Gebirge
und nach Jericho, so steht's geschrieben,
fiel ein Mensch unter Räuber
und blieb liegen.

> Wer wird ihm helfen
> wer ist da zuständig?
> Da ist ein Weg, wo
> Menschen zugrunde gehn!

Auf dem Wege
von der einen Behörde zur andern
auf dem Amtsweg erfasst und verwaltet,
kam ein Mensch zu den Akten
und blieb liegen.

> Wer wird ihm helfen
> wer ist da zuständig?
> Da ist ein Weg, wo
> Menschen zugrunde gehn!

Die Welt wird kleiner

Kein Zweifel: die Welt
wird jeden Tag kleiner für uns.
Die Entfernungen schrumpfen.
Wir fliegen dahin.

Hoch über den Wolken
serviert man das Frühstück,
dann bist du in Hamburg oder
Berlin. Paris nur ein Sprung,
auch Rom ist nicht weit. Nach
New York übern Teich,
das schaffst du in wenigen Stunden.

Die Menschen dagegen
entfernen sich mehr und
mehr voneinander. Höchstens:
Mach's gut und bis bald, wir
telefonieren! – Das war's,
das war auch schon alles.
Menschen von heute. Die
meisten hast du ja längst
aus den Augen verloren. –

Manchmal trifft man sich
irgendwo wieder, vielleicht in
Madrid, und fragt dann erstaunt:
Ach, gibt es dich noch?

Der Wald

Früher hörte man oft,
man könne vor lauter Bäumen
den Wald nicht mehr sehn.

Zugegeben, ein unerträglicher
Zustand, wie jeder begreift,
und schleunigst zu ändern.

So hat man die störenden
Bäume sämtlich beseitigt
im Interesse der Bürger.

Tat man des Guten zu viel?
Jedenfalls können wir jetzt den
Wald erst recht nicht mehr sehn.

Die Behörde verlautet, man
werde, ehe man Stellung beziehe,
mit Sorgfalt den Fall untersuchen.

Vorsorge

Die Haus und Wohnung untersuchen lassen
aus Angst, Wasseradern könnten da unter der
Erde verlaufen und Erdstrahlen kreuzen, und
die ihr Bett aus der Gefahrenzone rücken –
sind die außer Gefahr?

Die ihre Fenster geschlossen halten
vorsorglich, damit die vergiftete Luft von
draußen nicht eindringt, und die kein Kleid
und kein Hemd mehr anziehn aus Kunststoff,
und die beim Essen ganz konsequent verzichten
auf Fleisch und Wurst und weißes Mehl und
selbstverständlich auf Süßes und vorsichtig
sind bei ungewaschenem Obst und überhaupt –
werden die davonkommen?

Und die auf der Straße jede Begegnung
vermeiden mit Unbekannten und jede Berührung,
die selbst die Augen vor Blicken sorgsam
verhüllen und ohne Mundschutz nicht atmen,
die sogar die Gedanken verschließen, die
Post nicht öffnen und die täglichen
Nachrichten von sich fern halten –
werden die überleben?

Die werden vielleicht überleben.
Die werden auch nicht überleben.

Tagungs-Finale

Lassen wir die Probleme,
die in der Luft liegen,
die uns auf den Nägeln brennen,
die uns unter die Haut gehen,
die wir hier nur anreißen konnten

weiter im Raum stehen
und bleiben wir im Gespräch.
Ich danke Ihnen und wünsche
eine gute Heimfahrt.

Evolution

Milliarden von Jahren
hat es gedauert,
bis sich um die Erde
eine Sauerstoffhülle
gebildet hat,
die Atmosphäre,
in der Lebewesen
atmen können.

Wie lange wird es
dauern, bis eine
Atmosphäre der Liebe
und des Friedens
sich gebildet hat,
in der wir leben
können wie Menschen,
ob wir das noch
selbst erleben?

Dass keiner ist verloren

Kyrie eleison

Was wir denken ist eng
ist ärmlich
erbärmlich
    Herr, erbarme dich
    Herr, erbarme dich
    denke in uns deine Gedanken
    sprich zu uns dein Wort
    denn

Was wir reden ist schwach
ist ärmlich
erbärmlich
    Herr, erbarme dich
    Herr, erbarme dich
    sprich zu uns dein Wort
    vollbringe in uns dein Werk
    denn

Was wir tun ist gering
ist ärmlich
erbärmlich
    Herr, erbarme dich
    Herr, erbarme dich
    vollbringe in uns dein Werk
    vollziehe in uns deine Gedanken

Wir wollen alle glücklich sein

Wir wollen alle glücklich sein
und sind doch manchmal sehr allein
und mancher ist verloren
        Herr, erbarme dich
        Herr, erbarme dich
        dass keiner ist verloren

Wir leben ohne Plan und Ziel
und würfeln um das Glück im Spiel
und mancher hat verloren
        Herr, erbarme dich
        Herr, erbarme dich
        dass keiner hat verloren

Wir leben hin in Glück und Leid
und bis zum Tod, das ist nicht weit
und mancher geht verloren
        Herr, erbarme dich
        Herr, erbarme dich
        dass keiner geht verloren

Denkt um

Wie	*Kehrt um*
Wozu	*denkt um*
Was solls	*tut Buße*
Was ist das	*das Reich*
Was bringt das	*Gottes*
Das ist doch vorbei	*ist nahe*
Das ist nicht mehr drin	
Das sagt uns nichts mehr	
Das spricht mich nicht mehr an	
Das kann man nicht mehr mitvollziehen	
Damit kann heute keiner mehr was anfangen	
Damit kann man sich unmöglich identifizieren	

Umkehr

Man hat doch nichts verbrochen
Man ist ja auch nur ein Mensch
Man lügt vielleicht schon mal
Man muss sehen wo man bleibt
Man muss ja Rücksicht nehmen
Man kann nicht wie man will
Man kann nicht aus seiner Haut
Man kann nicht alles wissen
Man schlägt sich so durch
Man kann nichts dafür

Ich

Unschuldswahn

Es sollte uns zu denken geben,
dass heute keiner mehr von Sünde spricht,
und kaum noch einer weiß, was es bedeutet,
erst recht nicht so ein Wort auf sich bezieht
und auf sein Handeln. Niemand fühlt sich
schuldig. Keinem fällt es ein, von irgendwem,
gar einem Gott, Vergebung zu erbitten. Nein,
es scheint, als sei das Böse aus der Welt
entschwunden.

Lebt es denn nur noch in der Kirche fort?
Da gibt's noch diese Sorte Mensch: die Sünder.
Da sagt man immer noch wie früher: Ich
bekenne, ich hab gesündigt, Herr, durch meine
große Schuld. Nur in der Kirche wagt man
noch zu reden von dem, was Menschen in
Jahrtausenden bewegte: von unsrer Schuld
und göttlichem Erbarmen.

Wenn aber niemand mehr sich schuldig fühlt,
dann braucht's auch kein Erbarmen und
Verzeihn. Und schuld an allem Bösen sind
die andern. Es wird sich schon wer finden,
gegen den man lautstark sich entrüstet.

Ich hasse diese selbstgerechte Heuchelei.
(Und bin doch grade eben selber schon dabei,
auf andere zu zeigen. Herr, verzeih!)

Aufdringliche Befragung

Also du hast
niemandem etwas getan?
Auch nichts Gutes?
Nichts umsonst und
ohne Grund, nur so
aus Liebe?

Also du hast
niemanden umgebracht?
Auch nicht
um seinen guten Ruf
um seinen Schlaf
um seinen Glauben gebracht?

Also du hast
niemanden betrogen?
Auch nicht um die Hoffnung
in dir vielleicht
einem wirklichen
Christen zu begegnen und
Gottes Nähe zu erfahren?

Der gelbe Stern

Damals, in jener unseligen Zeit,
als man bei uns jüdische Mitbürger zwang,
den Stern zu tragen in die Vernichtung,
galt die Bibel als Judenbuch, wurden
die Kirchen als Judenknechte verhöhnt,
und Christen gab es, die Juden dem Zugriff
entzogen, – es sei nicht vergessen.

Und dennoch: heute, ein halbes Jahrhundert
danach und aus sicherem Abstand die Frage,
warum damals Christengemeinden den
Judenstern, sechszackig und gelb, nicht auch
dem Bild des Gekreuzigten aufgemalt haben,
den Davidsstern für den Davidssohn?
Und dies, um zu zeigen: er war einer
von denen, die man jetzt schmähte und jagte.

Träume ich? Schon sehe ich ihn, diesen Stern,
auf den Herz-Jesu-Figuren. Es trägt ihn die
seligste Jungfrau aus Lourdes oder Fatima,
und selbst die schmerzhafte Mutter unter
dem Kreuz ist als Jüdin klar zu erkennen.
Dazu die Schar der Apostel: Jude um Jude.
Petrus und Paulus, Andreas, wie immer sie
hießen, tragen den Stern.

Und ich frage, Jahre danach, in anderer Zeit,
da uns, ich weiß, ein Urteil nicht zusteht:
War's zu gefährlich? Fehlte damals der Mut,
für alle sichtbar dies Zeichen zu setzen
wider das Unrecht, das „Juda verrecke!",
mit dem Millionen sich heiser schrien?
Oder verbot es sich, weil die braunen
Banditen selber die Kreuze beschmierten?

Es könnte am Ende auch sein, dass man beides
fein auseinander hielt: Andacht und Politik.
Drinnen das Heil, draußen der Wahn. Denn
auf den Straßen, ganz ohne Glockengeläute,
trieb man sie fort in endlosen Reihen,
die mit dem Stern. Und wir ließen sie ziehn
in die Lager, ins Gas. In die Passion.

Genesis 18,20–32

In dieser großen Stadt
aus Blech und Betrug
werden gesucht
Gerechte
fünfzig, heißt es
Männer Frauen Kinder
Greise, fünfzig, die
noch atmen, noch
Menschen sind zwischen
Matratzen und Müll und
Abgas, die noch nicht
Gummi geworden und Gebrüll
und Waschpulver, die
noch leben, noch
lachen, noch beten
unter der Dunstglocke
noch Augen haben
fünfzig, wo sind sie
fünfundvierzig im Smog
im Stress, vierzig
Gerechte, heißt es
auch dreißig notfalls
unter
sechshunderttausend
Ratenzahlern und
Ramschverbrauchern und
Stromabnehmern
dreißig Menschen gesucht
gerecht, also

gegen den Strom, zwanzig
und wären's nur zehn
die gerecht sind, nur zehn
irgendwo in den
Büros und Betrieben, den
Beatschuppen, den Boutiquen
am Bahnsteig
nur zehn, bitte melden
wir sind für jeden
Hinweis dankbar
Denn
um ihretwillen
wichtige Durchsage
soll die große Stadt
vielleicht noch einmal
verschont werden.

Dank

Ich danke für mein Leben,
    andere verrecken während ich lebe.
Ich danke, dass ich atmen kann,
    andere röcheln unter Sauerstoffmasken.
Ich danke, dass ich gesund bin,
    andere siechen dahin, da mir's gut geht.
Ich danke, dass ich zu essen habe,
    so viele schreien nach Brot.
Ich danke, dass ich in Frieden lebe,
    so viele kennen nur den Krieg.
Ich danke, dass der Glaube mir Halt gibt,
    so viele wissen nicht, was das ist: glauben.
Ich danke und frage doch beunruhigt,
    warum die andern, nicht ich, das Kreuz tragen.

Kaum auszudenken

Sollte es das wirklich einmal geben
dass alle miteinander auskommen
und zwar friedlich?
Malt euch das aus:
Bauarbeiter und Homos
Senatoren und Hafenkulis
Hindu-Nonnen und Spiegelleser
Tennisspieler und Zeugen Jehovas
reimt euch das zusammen
Fixer Beatfans und der Volkstanzkreis
die vom Osservatore und die Pardonredaktion
der junge Pastor mit dem Marxtick
der stramme Landsmannschaftler oder
der Kinderschreck der Pornokunde
und Tante Frieda im Altersheim
mit anderen Worten: Hund und Katze
Feuer und Wasser Löwe und Lamm
oder besser: du und ich, mein Bester
stell dir das mal vor!
Das wäre ein Friede
das hieße Halleluja singen!

Erneuerung

Bei uns hier wurde die Kirche jetzt
gründlich erneuert: Entsprechend der
Nüchternheit unserer Zeit hat man
sämtliche Wände nun hell und gleichmäßig
weiß angestrichen. Übertüncht wurde auch
das riesige Chorbild Christi des Königs,
das manchem inzwischen unzeitgemäß
und außerdem undemokratisch erschien.
Dafür nun ein Kreuz, einfach und schlicht.
Die weniger wichtigen Dinge und alles,
was irgendwie ablenken könnte, hat man
beiseite geräumt: die Seitenaltäre, den
Kreuzweg wie auch die alte Marienfigur,
dazu den vorsintflutlichen Beichtstuhl.
Das wanderte alles ins Untergeschoss und
wurde dort deponiert.
Kaum war die Kirche endlich erneuert,
entdeckte die Jugend – könnt ihr das
begreifen? – wieder das mystische Dunkel,
fand sich zusammen im Keller der Kirche,
auch wenn es eng war zwischen dem alten
Gerümpel, breitete Kissen dort aus und
Matratzen zur Meditation und liest nun
gemeinsam die Bibel und Mystikertexte
im flackernden Schein zahlloser Kerzen.
Oben sogar, in der erneuerten Kirche,
riecht es nun manchmal nach Weihrauch.

Muntermacher

Eine nicht erklärbare Schwäche und Unlust,
auch Müdigkeit, die ich seit Wochen beklagte,
war verursacht durch einen Mangel an Kalium,
wie eine Blutuntersuchung kürzlich ergab.

Der Arzt, statt Pillen zu verschreiben,
empfahl mir einfach den Genuss von Obst,
Prunus armeníaca vor allem, also Aprikosen.

Von solcher Einsicht neu beflügelt,
erscheint mir manches nun in anderm Licht,
zum Beispiel dies: Auch in der Christenheit
mit so viel glanzvollen Epochen gab es
bisweilen glaubensmüde Zeiten. Da war zur
Tugend niemand zu bewegen, da war der
Klerus ohne Saft und Kraft.
Und dies womöglich nur deshalb, weil man –
verzeiht die einfache Erklärung – zu wenig
Aprikosen aß in dieser müden, matten Zeit.

Es wäre eine Doktorarbeit wert, dem einmal
nachzugehn, zum Beispiel unterm Thema:
„Der Obstgenuss und seine Heilsbedeutung.
Vom Paradiesesapfel bis in unsre Tage."
Und wär ich Papst, ich ließe wohl
in den Gemeinden Aprikosenbäume pflanzen
und förderte den Anbau dieser Frucht
vielleicht sogar mit einem Ablass.

Woher und wohin

Woher kommen wir,
du und ich, woher? –
Frag nach dem Grund, frag woher?
Sieh doch, das All ist nicht leer,
hinter den Fragen steht Er.
Er hat gewollt, dass wir sind.

Wofür leben wir,
du und ich, wofür? –
Frag nach dem Sinn, frag wofür?
Sieh doch, dein Herz ist nicht leer,
in allem Suchen steht Er.
Er schließt uns auf eine Tür.

Wohin gehen wir,
du und ich, wohin? –
Frag nach dem Ziel, frag wohin?
Sieh doch, die Welt ist nicht leer,
Ziel aller Wege ist Er.
Er lädt uns ein in sein Licht.

Segen für sieben neue Tage

Wir sprechen verschiedene Sprachen

Wir sprechen verschiedene Sprachen
Wir wohnen hier oder dort
Wir tragen verschiedene Namen
    Wir hören dasselbe Wort

Wir leben mit vielerlei Sorgen
ein jeder hat seine Not
ein jeder geht eigene Wege
    Wir teilen dasselbe Brot

Wir denken verschieden von morgen
Wir fürchten und hoffen zugleich
Wir stellen uns Fragen um Fragen
    Wir sagen: Es komme dein Reich!

Sonntagsgottesdienst

Ich will ja nichts als
hören das Wort, das einzige
das mich lebendig macht
das mich befreit, und
um mich sehen Menschen,
die daran glauben so wie ich.

Ich will ja nichts als
meine Knie beugen vor
dem Geheimnis des Glaubens,
nichts als ausstrecken
meine Hand und öffnen
meinen Mund und essen das Heil.

Ich will ja nichts als
auf mich nehmen das Kreuz
das der Segen uns auferlegt
für sieben neue Tage
und gehen dann, ein
kleiner Friede auf zwei Beinen.

Die schöne Predigt

Der Pfarrer begann, also das weiß ich noch,
mit einer Geschichte (aber die kannte ich
schon) von der Spinne, die eines Tages ihr
Netz überprüft und versehentlich einen
Faden abbeißt nach oben, der sie gehalten
hatte samt ihrem Netz. Das ist, meinte der
Pfarrer, natürlich ein Gleichnis für uns,
die wir ja auch irgendwie abhängen von
Gott oder so.
Und während dann weiter vom Glauben die
Rede war, aber mehr allgemein, betrachtete
ich so die Leute vor mir. Ich dachte eben:
wir werden alle nicht jünger, als meine
Tante mir einfiel, ich sollte sie wieder
einmal besuchen am Sonntag.
In der Familie, hörte ich predigen, muss es
beginnen, das Leben des Glaubens, im Alltag.
Mir kam der Kollege dabei in den Sinn, der
braucht keine Kirche, der hält nichts davon.
Und ähnlich denken die meisten bei mir
in der Firma. So ist das heute: Hauptsache
Geld, und außerdem möglichst viel Freizeit!
Die neue Kollegin fährt nach Sri Lanka.
Aber bestimmt nicht allein, so wie die
aussieht! Mein Gott, Sri Lanka, ein Traum ...
Ich war ganz in Gedanken und schreckte
zusammen, als alle ringsum sich erhoben.
Das Amen am Ende war mir entgangen. –
Aber: es war eine sehr schöne Predigt.

Einem jungen Prediger

Du machst dir viel Mühe, ich weiß.
Glaubhaft willst du die Botschaft sagen,
lebendig und so, dass sie Gedanken und Herzen
bewegt. Doch du bist enttäuscht. Durch
Worte, sagst du, ist nichts zu bewirken.

Sprich dennoch, gib es nicht auf.

Unermüdlich zeige den Weg. Aber
indem du ihn gehst. Selber um Glauben
bemüht, sprich über den Glauben.
Selber hoffend, rede von Hoffnung.
Selber dich ändernd, predige Änderung.
Übe Geduld in allem. Rechne mit winzigen
Schritten. Und vergiss dabei nicht:
Du säst nur. Er lässt es wachsen. Er erntet.

Wünsche an die Predigt

Anregen soll es, das Wort von der Kanzel,
Stellung beziehen zu Fragen des Tages.
Keine Dogmatik, nicht allzu moralisch.
Niveau natürlich, doch nicht zu hoch,
fundiert, besinnlich und doch nicht zu lang.
Neu soll es tönen und nicht wie gehabt,
kein Blabla wie im Anfang und allezeit.
Und nicht so viel Bibel, mehr aus dem Leben.
Für jeden etwas, zumal für die Kinder,
unsere Zukunft, die gilt's zu gewinnen.
Die Jugend will gleichfalls begeistert sein.
Tröstliches dann für Alte und Kranke.
Ein Wort halt, das allen zu Herzen geht,
dass man was mitnehmen kann für seinen
Alltag. Jedermann wohl und niemandem weh,
höchstens den andern: Denen müsste man
ordentlich mal, sag ich immer, nicht wahr,
mal Bescheid sagen, dass es nur so kracht!

Gebet des Predigers

Herr, steh mir bei, wenn ich vor all den
Menschen verkündige, was du gesagt, getan.
Du bist der Sämann, du gehst aus, zu säen
das Wort, das lebt und Leben wecken kann.

Sei du in mir und sei auf meinen Lippen,
auf meiner Zunge, dass ein jeder spürt:
du bist es, der da spricht, und deine Stimme,
sie ist es, die an unsre Herzen rührt.

Herr, dulde nicht, dass ich dein Wort verbiege,
damit's ein wenig zeitgemäßer sei
und eben so, wie wir es gerne hätten. –
Dein Wort ist Wahrheit, sie allein macht frei.

Gib mir auch Mut, das Alte neu zu sagen.
Lebendig ist dein Wort, und du befreist.
Du öffnest Mund und Ohr und unsre Herzen.
Ich bitte, Herr, um deinen Heil'gen Geist!

Nach einer Messfeier notiert

Redet nicht so daher
auf den Kanzeln,
ich bitte euch, Brüder,
mit diesen glatten
und fertigen Stimmen,
die alles wissen und darum
nicht einmal nichts
von allem begreifen.

Redet nicht so daher,
ich bitte euch, Brüder,
von Gott und der Welt
und was ihr so nennt
das Gebet, denn ihr
lebt von der Gnade.

Redet nicht so daher
routiniert und rasant
da ihr Brot nehmt und Wein
das Geheimnis des Glaubens
ihr kündet den Tod
des Herrn, bis er kommt.

Ergreift das Wort nur
das euch ergriffen hat
seid lieber still
dass wir hören im Schweigen
und wie auf den Knien
das Wort von Gott.

Prognose

Bringt unser Gottesdienst
nur unsere Gewohnheit, fromm zu sein,
nur unsere eigenen Riten noch
im Goldgewand zur Sprache,
dann stirbt er.

Nicht den fruchtbaren
und heilbringenden Tod Christi,
aus dem das Leben ersteht –

nein, den Tod, über
dem sich das Grab der
Jahrhunderte schließt.

Doch sooft wir verkünden
den Tod des Herrn, bis er kommt,
brechen wir mit zitternden Händen
das Brot des unsterblichen Lebens.

Sanctus

Was gilt den Deutschen als heilig?
Eine Umfrage wollte das klären.

Meistgenannt – einundachtzig
Prozent – die persönliche Freiheit.
Konkret heißt das: tun, was man will.
Es besteht also, fast wie im Lied,
Einigkeit im Recht auf Freizeit.
Zweiundsiebzig nennen das Recht
der Eltern auf Kindererziehung.
Fast ebenso vielen ist wichtig
das Weihnachtsfest in der Familie.
Dann noch, mit einigem Abstand,
die Urlaubsreise im Sommer.

Weit abgeschlagen dagegen
das Vaterunser mit dreiunddreißig
Prozent. Für zwanzig vom Hundert
ist heilig die Bibel. Und das
Kruzifix, wen wundert das noch,
kommt auch nur auf zwanzig.

So singe ich denn in diesem
reichen schäbigen Land, wo ich lebe,
mit meiner Stimme, vereint
mit den himmlischen Chören,
das Heilig, Heilig, Heilig
für Gott, den Herrn aller Herrlichkeit!

Eifer am Sonntagmorgen

Vor welchem Gott,
wenn die Glocken
läuten den Tag des Herrn,
liegen sie auf den Knien
auf dem Bauch,

die da reinigen
in Wasserfluten und Schaum
mit Schwamm und in Schweiß
das Blech, den Lack,

die zu Leibe rücken
mit ganzer Seele
dem Rost und
den Flecken von Teer,

die auf Glanz bringen
an jedem Sonntag
hingebungsvoll
sämtliche Chromteile,

wem weihen sie
ihre ungeteilte Andacht?

Gemeinsam

Gemeinsam Seinen Weg gehen
in der Dunkelheit
wohin Er uns auch führt
allein find ich ihn nicht

Einander bei der Hand halten
in der Dunkelheit
dass keiner sich verirrt
verlasst mich bitte nicht

Gemeinsam Seinen Tod sterben
in der Dunkelheit
und mit Ihm auferstehn
so fürchte ich mich nicht

Wir alle essen von einem Brot

Kommunionlied

Der Herr lädt uns zu seinem Mahl ein,
er gibt sich selber, will das Brot sein.
Er schenkt uns allen reinen Wein ein,
in unsern Adern will er Blut sein.

So sag nicht nur ich,
sag du und sag wir,
denn Gott wurde Mensch,
ein Mensch so wie wir.

Er lebt unter uns,
auch heute und hier,
bei uns will er sein,
in dir und in mir.

Der Herr lädt uns zu seinem Mahl ein,
er gibt sich selber, will das Brot sein.
Er schenkt uns allen reinen Wein ein,
in unsern Adern will er Blut sein.

Handkommunion

Was Jesus für uns tat
bis in den Tod,
das kann nicht sterben,
das liegt auf der Hand.

Das wiegt leicht wie Brot,
das wiegt schwer wie der Tod,
das ist Brot zum Leben,
das liegt auf der Hand.

Das ist sein Leib,
verschenkt verteilt,
einer für alle,
das liegt auf der Hand.

Was Jesus für uns tat
bis in den Tod,
das kann nicht sterben,
das liegt auf der Hand.

Wir alle essen von einem Brot

Wir alle essen von einem Brot
wir alle trinken aus einem Kelch
so hat es der Herr zuerst getan

Wir alle essen von einem Brot
wir alle trinken aus einem Kelch
der Herr ist bei uns und wir sind sein

Wir alle essen von einem Brot
wir alle trinken aus einem Kelch
Herr hilf uns zu teilen was du schenkst

Wir alle essen von einem Brot
wir alle trinken aus einem Kelch
wann kommst du o Herr in Herrlichkeit?

Wes Brot ich ess

Wes Brot ich ess,
des Lied ich sing.
Ich geh den Weg,
auf dem er ging.

Wes Brot ich ess,
des Lied ich sing.
Ich seh das Kreuz,
an dem er hing.

Ich geh den Weg,
auf dem er ging.
Sein Brot ich ess,
sein Lied ich sing.

Seht, wir feiern das Mahl

Seht, wir feiern das Mahl
als ein Zeichen des Glaubens
in dem Brot, das wir sehn
ist er mitten unter uns
    Das ist mein Leib, sagt der Herr, alleluja,
    für das Heil der Welt, alleluja,
    nehmt ihn hin und esst davon gemeinsam!

Seht, wir feiern das Mahl
als ein Zeichen der Hoffnung
dies lebendige Brot
das ist Kraft fur unsern Weg
    Das ist mein Leib, sagt der Herr, alleluja,
    für das Heil der Welt, alleluja,
    nehmt ihn hin und esst davon gemeinsam!

Seht, wir feiern das Mahl
als ein Zeichen der Liebe
wenn wir teilen das Brot
werden wir zu einem Leib
    Das ist mein Leib, sagt der Herr, alleluja,
    für das Heil der Welt, alleluja,
    nehmt ihn hin und esst davon gemeinsam!

Seht, wir feiern das Mahl
als ein Zeichen des Lebens
denn wir gehn in den Tod
und wir leben doch in ihm

Das ist mein Leib, sagt der Herr, alleluja,
für das Heil der Welt, alleluja,
nehmt ihn hin und esst davon gemeinsam!

Er ist bei uns

Eine unvergessliche Erinnerung
und eine Vorahnung,
die nicht zu enttäuschen ist:
Es war einmal,
und es wird einmal sein.

So entzünden wir die Lichter,
und wir hören das Wort,
das zum Leben ruft.
Wir essen das Brot als
seinen Leib, wir nehmen
den Kelch als sein Blut.

Und er, der war und ist und
den wir erwarten, er ist
in uns und wir in ihm.

Du teilst es aus

Du teilst es aus mit deinen Händen
an uns, das immer neue Brot,
dass wir das Leben darin fänden,
das überwindet noch den Tod.

Das ist mein Leib, das ist mein Leben,
das bin ich selbst, an euch verschenkt.
Das will ich euch als Zeichen geben,
damit ihr immer an mich denkt.

Das ist mein Blut, für euch geflossen,
im Tod hab ich mein Werk vollbracht.
Für immer ist der Bund geschlossen,
der euch zum Volke Gottes macht.

Du schenkst uns ein das Blut der Trauben,
den Kelch mit bittersüßem Wein.
Herr, mach uns darin eins im Glauben,
und lass uns deine Zeugen sein.

Einer für alle

Alle Menschen, die es gibt
wollen glücklich sein
keiner hat das Glück für sich
keiner lebt allein

Jeder gibt ein kleines Stück
gibt sein Teil zum Brot
gibt sein Glück und seine Kraft
und auch seine Not

Einer gab sich selber ganz
in die Todesqual
er stand auf in Herrlichkeit
und hält mit uns Mahl

Jeder nimmt ein kleines Stück
und empfängt das Brot
lebt so aus der andern Kraft
und teilt ihre Not

Alle sind so in dem Herrn
als sein Leib geeint
so geschieht die Kommunion
Gottes Reich erscheint

Immer wieder

Immer wieder decken wir den Tisch
an dem man
die Lichter entzündet der Hoffnung
und das Buch aufschlägt
mit der Botschaft des Lebens

Immer wieder den Tisch
an dem man
das weiße Brot bricht und teilt
in gleiche Teile und isst
an dem man
den roten Wein trinkt
miteinander
und eins wird mit Ihm

Immer wieder decken wir den Tisch
an dem man
erinnert was damals geschah
und das Kommende einübt
schon heute und hier

Geheimnis des Glaubens
Gastmahl des Friedens
der Herr ist bei uns

Das Lied vom Geben und Nehmen

Zum Geben und Nehmen will Gott uns befrein,
wir sterben und leben, wir sind nicht allein.

> Wenn einer voller Leben ist,
> dann helfe er den Schwachen,
> so mancher Mensch kann fröhlich sein,
> so mancher kann nicht lachen.
> Wenn einer viel sein Eigen nennt,
> dann teil er's mit den Armen,
> so mancher lebt für sich allein,
> so mancher braucht Erbarmen.

Aus Körnern und Reben wird Brot und wird Wein,
wir essen und trinken, der Herr lädt uns ein.

> Kann sein, dass du heut Tränen weinst,
> nicht jeder kann das: weinen.
> Kann sein, dass du den Glauben hast,
> so viele haben keinen.
> Kann sein, dass du heut glücklich bist,
> versuch das Glück zu teilen.
> Sieh doch den Menschen neben dir,
> vielleicht kannst du ihn heilen.

Zum Geben und Nehmen will Gott uns befrein,
wir sterben und leben, wir sind nicht allein.

Höchste Ehre Gottes

Höchste Ehre Gottes ist
ein Mensch, der liebt
einen kenn ich, Jesus Christ
ein Mensch, der liebt
der mein Weg geworden ist
ein Mensch, der liebt

Der nahm auf sich unsre Not
ein Mensch, der liebt
der stand auf aus allem Tod
ein Mensch, der liebt
der gab sich als ein Stück Brot
ein Mensch, der liebt

Höchste Ehre Gottes ist
ein Mensch, der liebt
darum nenne ich mich Christ
ein Mensch, der liebt
dass sein Weg der meine ist
ein Mensch, der liebt

Vom Tod und vom Leben

Einer ist unser Leben

Einer ist unser Leben,
Licht auf unseren Wegen,
Hoffnung, die aus dem Tod erstand,
die uns befreit.

Viele hungern, die andern sind satt
in dieser Welt.
Einer teilte schon einmal das Brot,
und es reichte für alle.

Viele werden verkannt und verlacht,
werden verfolgt.
Einer nahm sich der Wehrlosen an,
wurde arm mit den Armen.

Viele kennen nur Waffen und Krieg,
Hass und Gewalt.
Einer lehrt uns, dem Feind zu verzeihn
und die Menschen zu lieben.

Viele Menschen sind blind oder stumm,
wir sind es auch.
Einer machte die Kranken gesund,
einer heilte sie alle.

Viele tasten durch Dunkel und Nacht,
viele von uns.
Einer ging wie ein Licht vor uns her
in den Tod und das Leben.

Einer ist unser Leben,
Licht auf unseren Wegen,
Hoffnung, die aus dem Tod erstand,
die uns befreit.

Lied zu Ostern

Wir setzen einen Stein
und der Stein ist schwer
und keiner von uns hat
eine Hoffnung mehr
halleluja
Wir hatten doch geglaubt
dass da einer wär
in dem uns Gott erschien
glauben es nicht mehr
halleluja
Wir haben nur ein Grab
und das Grab ist leer
wir suchen unsern Herrn
finden ihn nicht mehr
halleluja
Der Stein ist weggewälzt
und der Stein war schwer
der Herr erstand vom Tod
seht das Grab ist leer
halleluja
Wir glauben dass er lebt
doch es fällt uns schwer
wir haben nur sein Wort
Ich geh vor euch her
halleluja

Jesus lebt

Seht, er lebt – ja, er lebt,
er stand auf am dritten Tag!
Seht, er lebt – Jesus lebt,
er steht mitten unter uns!

Kommt durch die verschlossnen Türen,
sagt zu uns: Habt keine Angst!
Kommt wie damals so auch heute
und sagt: Friede sei mit euch!

Und wir hören seine Worte
und es brennt in uns das Herz,
und er bricht das Brot für alle
und die Augen gehn uns auf.

Keiner lebt nur für sich selber,
keiner stirbt für sich allein,
ob wir leben oder sterben,
wir gehören zu dem Herrn.

Er ist bei uns alle Tage
bis ans Ende dieser Welt,
und es ist kein anderer Name,
der mich selig machen kann!

Seht, er lebt – ja, er lebt,
er stand auf am dritten Tag!
Seht, er lebt – Jesus lebt,
er steht mitten unter uns!

Großer Sonnenfalter

Großer Sonnenfalter
aus den Quellgebieten des Amazonas
mit dem unbeschreiblichen Glanz von Gold
und Smaragd auf den Flügeln –
haben sie dich eingefangen endlich
im Netz ihrer Neugier?

Jetzt bist du zu besichtigen seit gestern
hinterm Glas des öffentlichen Unglaubens
in einem Kasten, eingeordnet in die
Reihe der nie gesehenen Raritäten
und der Aufmerksamkeit der
Besucher besonders empfohlen.

Aber sehen sie nicht,
dass dein angenagelter Leib atmet
und deine weit ausgebreiteten
schimmernden Flügel schon leise vibrieren?

Morgen wird niemand im Land
eine Erklärung wissen
für dein rätselhaftes Verschwinden.

Die Museumsdiener werden beteuern,
dass sie den Kasten und das Glas
am Morgen unversehrt und
wohl verschlossen fanden
und wie zu sehen, steckt,
die dich durchbohrt, die dünne
Nadel, fest an ihrem Platz.

Morgen, großer Falter, ich weiß,
wirst du hoch über der Erde
im Glanz von Gold und Smaragd
deine Flügel entfalten
unbeschreiblich.

Das Lied vom Tod und vom Leben

Lasst uns das Lied singen vom Tod und vom Leben,
lasst uns das Lied singen von unsrer Befreiung.

Seit es einer angestimmt auf der Erde,
ist es niemals mehr verstummt bei den Menschen.

Einer sang's dem andern zu durch die Zeiten,
und wer glaubt an Jesus Christus, singt es weiter.

Dies jahrtausendalte Lied vom Begraben
und von dem, der auferstand, lasst es hören,

dass auch ihr vom Tod ersteht in das Leben,
einen Anfang hat dies Lied, doch kein Ende.

Lasst uns das Lied singen vom Leben und Sterben,
lasst uns das Lied singen von dem, der uns rettet.

Die an dich glauben

Wir sind in so viel Ängsten
und siehe – wir leben

Die an dich glauben
die gehen durch Wüsten
finden das Manna das Wasser im Felsen

Die an dich glauben
die gehen durch Wasser
trockenen Fußes durch reißende Flüsse

Die an dich glauben
die gehn durch die Mauern
gehn wie im Traum durch verschlossene Türen

Die an dich glauben
die gehen durch Flammen
lebende Fackeln die doch nicht verbrennen

Die an dich glauben
die gehn durch das Dunkel
scheinen zu sterben und siehe sie leben

Wir sind in so viel Ängsten
und siehe – wir leben

Erwartung

Seine Bedingungen
sind die des Frühlings:
Arm musst du sein,
winterstarr unterm Schnee
mit kahlen Ästen,
ein Baum ohne Blätter.

Wenn er kommt,
wachsen sie dir
aufs Neue zu:
schöner.

Wenn er kommt,
ersteht das Leben
in dir
mit hundert Blüten
für eine
hundertfältige Frucht.

Vor dem unendlichen Tag

Der Brunnen

Wörter werfe ich
wie Steine
in die Tiefe des
Brunnens

Atemlos
höre ich hin
bis sie aufkommen
unten am Grund

Manche aber
scheinen in
eine unendliche Tiefe
zu fallen

Das Echo
ihres Aufschlags
entzieht sich
meiner Wahrnehmung

Die flüchtige Zeit

Ich dachte manchmal schon: du liebe Zeit,
wohin bist du so unbemerkt entschwunden?
Gefiel's dir nicht bei uns, warst du es leid
und drehst nun anderswo schon deine Runden?

Wir brauchen dich, glaub mir und sei gescheit.
Du siehst doch, wie wir hasten und uns eilen,
wie jeder klagt: ich habe keine Zeit.
Und keiner kann noch irgendwo verweilen.

Das seh ich, sagst du, ich wär schon bereit
und bliebe gern, doch hör ich immer sagen:
verkürzen wir sie uns, die lange Zeit,
die Langeweile lässt sich schwer ertragen.

Ich geh, ich will nicht lästig sein. Ihr seid
sehr schnell geneigt, mich zu vertreiben,
mich totzuschlagen gar bereit. – Verzeiht,
am Leben möcht man schließlich bleiben!

Wir kommen und gehen

Wir kommen und gehen
Wolken im Wind
wer kann es verstehen
wozu wir sind?

Wir kommen und gehen
Spuren im Sand
die Spuren verwehen
keinem bekannt

Wir gehen und wandern
wer treibt uns voran
von einem zum andern
wer zieht uns an?

Wir gehen und hoffen
gegen den Schein
die Zukunft ist offen
sind wir nicht sein?

Bedenken wir's

Bedenken wir's, vor der Rose, dem Rittersporn:
alles, was blüht, kommt aus der Erde. Von unten
wächst es empor, aus der Tiefe, den Wurzeln,
aus diesem dunklen, fruchtbaren Grund,
in den eines Tages alles zurückkehrt,
alles, was war, was einmal lebte und starb.

Auch wir, die wir jetzt die Städte bewohnen,
Maschinen bedienen, Hochhäuser bauen,
sind Söhne und Töchter der Erde, aus der wir
alle gemacht sind. Wir treten hervor
aus vergessenen Zeiten, aus alten Geschichten,
die man erzählt, wir leben sie weiter.

Siege und Mühsal so vieler Geschlechter,
was Menschen erstritten, was Menschen erlitten,
Enttäuschung und Hoffnung, nichts ist vergessen.
Wie eine Saat geht es auf, und auch wir
lieben und leiden und säen aufs Neue
tausendfach Leben, tausendfach Tod.

Auch wir, die wir gemacht sind aus Staub,
werden wieder zu Staub zerfallen.
Nicht lang, und wir kehren zurück zur Erde,
von der wir genommen sind. Mütterlich
nimmt sie uns auf und bewahrt uns geduldig,
bis alles vollendet ist, bis zur Ernte.

Erlösung

Ich kann's nicht fassen, sagt die Frau.
Jetzt ist er tot, mit zweiundachtzig.
Es war eine Erlösung für ihn,
natürlich auch für uns.
Es war ein Elend mit dem Mann.
Das sagt, dem Pfarrer die Beerdigung meldend,
schwarzgekleidet die Frau.
Vögel, ein ganzes Zimmer voller Vögel,
das war das einzige, was ihn interessierte,
sonst war ihm alles egal.
Den ganzen Tag schimpfte er vor sich hin,
er ließ zuletzt alles unter sich gehn.
Es war ein Elend mit dem Mann.
Zweiundachtzig, und jetzt ist er tot.
Es war eine Erlösung für ihn,
natürlich auch für uns.
Der Pfarrer notiert sich das alles.
Das Wort Erlösung unterstreicht er
doppelt. Daran will er sich halten.

Lebensabend

Er hängt am Leben,
der alte Herr Weber im Altenheim.
Er hat das Fernsehen angestellt,
die Sendung für junge Leute,
er schaut und schaut.
Die Stunde für die Hausfrau,
er schaut und schaut
alles, was kommt.
Er hängt am Leben,
das hat er davon:
den Werbefunk,
die Sportschau,
er schaut und schaut,
alles, was kommt.

Nach ihm schaut keiner mehr.

Er schaut und schaut,
bis zu Ende ist
das Programm.

Nachts geträumt

Nachts kamen sie
die stummen Helfer des Todes
führten mich aus meinem Haus

Nichts konnte ich
mitnehmen ins Grab
nicht meine Papiere
keine Bücher kein Geld
nicht meine Kamera
kein Handy und keinen Computer
nicht meine Kleider
nicht Wäsche noch Schuhe
keines meiner guten Werke
keinen meiner Fehler
keine Erinnerung
nichts kannst du
mitnehmen in das Gericht
du hast nichts in
der Hand wenn es gilt

Der große Richter
flüstert man neben mir
soll Jude sein, ein
junger Mann um dreißig

Ich weiß
ich kenne ihn
all meine Hoffnung
setze ich auf ihn

Lied vom Sterben

Wer wird uns hören?
Wer wird uns antworten?
Wer steht uns bei?

Vielleicht geht kein einziges Blatt verlorn,
das vom Baume fällt.
Vielleicht nimmt es einer in seine Hand,
der uns alle hält?

Vielleicht gibt es einen, der dich und mich
einst beim Namen nennt.
Vielleicht will ein Leben in uns erstehn,
das den Tod nicht kennt?

Wer wird uns hören?
Wer wird uns antworten?
Wer steht uns bei?

Unterm Strich

Was bleibt am Ende, wenn ich einst gestorben,
von allem, was ich tat in meiner Lebenszeit?
Ich habe sicherlich Verdienste mir erworben
und gute Taten, die ich in Bescheidenheit

und doch mit Stolz auch anzuführen wage.
Das gilt ja wohl, wenn Er das Urteil spricht
und richtet über meine Erdentage.
Ich bin gewiss, o Herr, du übersiehst es nicht.

Doch wenn ich alles nochmals dreh und wende:
so vieles war nicht gut. Ich habe oft versagt,
und Böses bleibt genug an meinem Ende.
Ich muss es eingestehen, wenn man mich befragt.

Was gut begonnen, habe ich verdorben,
vertan so manches und versäumt in meiner Zeit.
Was wird bestehen, einst, wenn ich gestorben?
Nur dein Erbarmen bleibt in Ewigkeit!

Auf mein Grab

Auf mein Grab,
wenn es gegraben ist
hinter dem Rücken des Todes
pflanze nicht Trauer,
die dunklen Rosen
der Erinnerung, kein Bedauern,
auch nicht die hohen
Lilien des Lobes.

Nur Hoffnung, hörst du,
unsagbar grün,
und darin den Stern,
die kleine weiße Aster
deines Gebetes, Geliebte.
Singe, ich bitte dich,
dein Halleluja.
Singe die Hochzeit
Jungfrau und Mutter Kirche,
du allein
weißt warum.

Letztes Gebet

Lass uns nicht fallen
wie die Blätter im Herbst
nicht versinken ins
Nichts, ins Vergessen
lass uns nicht untergehn
denn du bist der Herr

Hebe die Hand
unseretwegen hebe
die Schwerkraft auf
halte uns hoch
halte uns über Wasser
denn du bist der Herr

Doch wenn du es willst
dann lass uns fallen
wie den Regen aufs Land
dann lass uns fallen
in deine Hand
denn du bist der Herr

Immer am Grabe

Immer am Grabe
wird die Erinnerung wach,
stellt sich ein
verlegen
ein Zeichen der Dankbarkeit,
wagt das Gefühl sich
endlich hervor.

Immer am Grabe
kommen sie,
die ungesagten Worte,
die Tränen,
kommt sie, die Liebe,
zu spät.

Requiem

Wir nehmen Abschied von einem Menschen,
der unter uns lebte. Er wird uns sehr fehlen.
Doch danken wir, dass er unser gewesen,
und bitten für ihn, Herr, erbarme dich seiner!

Leicht hatte er's nicht, er musste sich plagen
zeitlebens. Das Glück fiel ihm nicht in den
Schoß. Doch gab er nicht auf und begann erneut.
Man konnte sich immer auf ihn verlassen.

Wir alle bezeugen, dass er sich bemühte,
da zu sein für die, die ihn brauchten, die Frau
und die Kinder, die Freunde, da blieb ihm
kaum Zeit, an die eigene Seele zu denken.

Vielleicht hat er nicht alles begriffen,
was du von ihm wolltest, o Gott, nicht alles
begonnen, was er beginnen sollte,
schon gar nicht alles vollendet, mag sein.

Aber er hat sich an dich gehalten,
solange er lebte, du weißt es, Herr.
Und auf seine Weise hat er dich geliebt,
so wie ein Mensch nur eben lieben kann.

Nachruf

Sie war so zart, Herr, und sie hatte Angst
vorm Leben und am meisten vor dem
Sterben. Des Abends betete sie oft
um eine gute stille Sterbestunde.

Vielleicht ward diese Gunst ihr auch gewährt:
Sie ist so wie ein Kerzenlicht erloschen.
Doch in den Wochen vorher schrie sie auf
vor Schmerzen, und sie kämpfte um ihr Leben.

Der Tod verkrallte sich in ihren Leib,
und seinem Zugriff war sie nicht gewachsen.
Ich stand dabei, hielt hilflos ihre Hand
und zeichnete ein Kreuz ihr auf die Stirne.

Und fragte nach dem Sinn in diesem Leid.
Konnt' man nicht wenigstens das Ärgste
ihr ersparen? Was ihr geschah, – ich find's
nicht fair, verzeih. Sie war so zart.

Auferstehung

Wenn ich tot bin,
geht alles ohne mich,
geht alles über mich hinweg,
hoch über mir geht es weiter,
das Leben, wie man das nennt,
alles geht weiter.

Nur ich, der ich tot bin,
der ich daliege reglos
mit geschlossenen Augen
im Dunkel der Erde,
ich höre auf.

Kann auch sein, ich höre dann
auf die Stille,
die mich umgibt.
Am Ende, heißt es,
ist darin am Anfang ein Wort,
eine unwiderstehliche Stimme.
Die nennt meinen Namen.
Die singt in mir.
Die heißt mich aufstehen.

Eine Kraft hebt mich hoch
und über alles hinaus
in ein unbeschreibliches Licht.

Seht doch, sage ich dann,
seht, ich lebe schon,
da ihr noch tot seid.

Vor dem unendlichen Tag

Der Tod so schwer und so leicht
anfechtbar, eine Mauer aus Schweigen
vor dem unendlichen Tag
der aufsteht aus dem knirschenden Sand
unaufhaltsam
der seine Flügel schlägt
über den Schatten

Ein Erwachen von überall her
Augen die unsere Augen suchen
Hände die unsere Hände finden

Wir werden eine gemeinsame Sprache sprechen
vielstimmig wie Wasser es tut
werden wir singen

Der blindwütigen Beweise enthoben
werden wir uns erheben steil
mit den weißen Vögeln
über die Schneegrenze hinaus
hellsichtig
werden wir eingehen
in das siebenfarbene Licht
das lächelnd Besitz ergreift
von unseren Stirnen

Ankündigung

An einem der Tage, die kommen,
wird etwas geschehen, was du nicht kennst,
noch nicht, und auch nicht verstehst, etwas,
von dem du nur träumst, was du erwartest,
so wie ein Wunder. Es wird etwas sein,
auf das du nicht wartest, nein, das du suchst,
und weißt auch nicht zu sagen, wonach, und
du suchst es auch nicht, sondern findest,
und nicht einmal das, es findet ja dich,
dieses Lächeln, von dem du gefunden wirst
an einem der Tage, die kommen.

Inhalt